Pascale Fonteneau

Carnaval à Bruxelles

SYROS

Souris noire

Collection dirigée par Natalie Beunat

Couverture illustrée par Anne-Lise Nalin

ISBN : 978-2-74-852620-2

Loi n° 49-956 du 16 juillet 1949
sur les publications destinées à la jeunesse,
modifiée par la loi n° 2011-525 du 17 mai 2011.

Mise en pages : DV Arts Graphiques à La Rochelle
Dépôt légal : février 2019

1

Vendredi 16 heures

Mélange de blousons bleus et gris, les uniformes envahissent la station de métro *Poste/Post*. Serrés les uns contre les autres, policiers et contrôleurs forment une haie qui interdit le passage vers la sortie 4. S'approchant un peu trop près, Hilke se fait tout de suite interpeller par une femme au regard sévère :

– On circule mademoiselle ! On fait demi-tour ! On n'a rien à faire par ici !

Cheveux relevés sous un képi bleu, bras croisés sur le mot POLICE imprimé sur son blouson, la femme pointe le doigt vers les guichets à l'autre bout du couloir. S'éloignant sans se presser, Hilke rajuste ses lunettes et fait volontairement tomber son sac pour pouvoir observer toutes les personnes que les «Corbeaux» ont alignées contre le mur.

Les «Corbeaux», Hilke leur avait donné ce nom le jour où elle s'était retrouvée au milieu d'un contrôle de ce genre: titre de transport et carte d'identité. S'engouffrant dans le métro à peine à l'arrêt, policiers et contrôleurs avaient fait leur travail, puis s'étaient éclipsés, tous en même temps. Comme des oiseaux qui s'envoleraient après avoir été dérangés.

Cette fois, à l'abri dans la station, les Corbeaux ne semblent pas pressés. Tous les passagers sont soigneusement contrôlés. Sans documents prouvant son identité, un homme doit mettre les mains contre le mur, le temps qu'un policier palpe sa veste et vide ses poches. Comme au cinéma. Plus loin, assis sur un banc, Hilke repère le marginal dont se méfient les commerçants de la station. Un jour, Oscar, le propriétaire du stand de gaufres, l'avait soupçonné de lui avoir volé une canette de soda et de l'avoir dissimulée dans les poches de son long manteau noir. Pour le prouver, Oscar-la-gaufre s'était mis à courir derrière lui. La poursuite avait été rythmée par les « Olé ! Olé ! » que hurlaient les nombreux jeunes massés sur les quais ou assis par terre dans les couloirs de la station. Sentant que la chance ne serait pas de son côté, le marchand de gaufres était vite revenu dans sa boutique en jurant que les choses n'allaient pas « en rester là ! ». Sortie pour encourager son collègue, la libraire avait dit qu'il avait raison de ne pas se laisser faire, puis elle était retournée derrière son comptoir au pied duquel veillait un impressionnant doberman dont elle disait qu'il avait été dressé pour attraper les voleurs. « Même les voleurs de bonbons ! »

La première fois qu'elle avait entendu ces menaces, Hilke avait douze ans et cela l'avait impressionnée. Trois ans plus tard, elle sait que le chien n'a jamais été à la hauteur de sa réputation et que la libraire est beaucoup moins sévère qu'elle n'en a l'air. Un matin, Hilke l'a même vue apporter un café à Peter, le *bad boy* aux cheveux longs et aux bras tatoués qui joue de la guitare en bas des escaliers de la sortie 4. Voyant les Corbeaux déferler dans la station, Hilke s'est tout de suite inquiétée pour lui, parce que, comme tout le monde, elle connaît par cœur les messages rappelant aux passagers du métro que mendiants et musiciens ne sont pas les bienvenus. Pour chanter ou jouer d'un instrument dans les couloirs d'une station, il faut avoir une autorisation et s'installer près des gares ou des lieux touristiques. Sûrement pas dans une station comme *Poste/Post*. Pourtant, c'est là que Peter traîne depuis plusieurs semaines avec son chien et sa guitare.

Au début, Hilke avait remarqué sa présence en se disant qu'il ne resterait pas longtemps, mais elle s'était trompée, alors, jour après jour, depuis un mois, elle avait pris l'habitude de ralentir chaque fois qu'elle passait devant lui. Un matin où elle était moins en retard que les autres fois, elle s'était même arrêtée pour lui demander comment s'appelait son chien (une question facile pour entamer la conversation) :

– Lui c'est Magik, moi c'est Peter, avait-il répondu entre deux couplets d'une chanson qu'elle s'était répétée en boucle pour ne pas l'oublier.

Le même jour, après les cours, Hilke avait filé à la station de métro où elle s'était assise près de Peter pour l'écouter chanter et échanger quelques mots avec lui. Elle avait fait pareil les jours suivants et n'a pas l'intention de changer ses habitudes malgré l'attitude de Téo, son complice et ami de toujours.

La veille de la descente des « Corbeaux », quand Téo avait vu Hilke se diriger une fois de plus vers les escaliers où le musicien était installé avec son chien et son sac, il avait levé les yeux au ciel et s'était moqué d'elle :

– Si tu veux entendre de la bonne musique, je peux te passer mes écouteurs !

– Qu'est-ce que tu veux dire ? Quelque chose te gêne ?

– Rien, avait répondu Téo. Vraiment rien, sauf ta nouvelle façon de marcher en balançant les bras, c'est nul ! Si tu veux avoir du style, je te montrerai, mais pas aujourd'hui parce que là je suis pressé !

Par contre, demain, après les cours, je dois aller chercher mon cousin à la gare du Midi, mais en revenant, on passera par ici. Si tu veux, attends-nous près de ton chanteur, tu verras!

– Toi, tu as un cousin? l'avait interrogé Hilke sur un ton soupçonneux. Alors comment ça se fait que je ne l'aie jamais rencontré?

– ... Parce qu'il habite en France, mais il vient à Bruxelles pour les vacances. Il arrive demain, tu pourras vérifier...

Comme si une mystérieuse mission l'attendait quelque part, Téo n'avait pas dit un mot de plus et avait couru vers les quais en exagérant le balancement de ses bras. Croyant qu'il se moquait d'elle, Hilke n'avait rien fait pour le retenir, mais ces critiques lui avaient tourné dans la tête toute la soirée.

Ce matin, elle lui aurait bien demandé des explications, mais elle n'avait pas vu Téo à l'arrêt du bus, ni dans le métro, ni aux intercours. Peter et son chien n'étaient pas non plus dans la station comme les autres jours. Bizarre.

Pour Hilke, ce dernier vendredi avant les vacances de carnaval avait été plus interminable encore que les autres vendredis. En cours de géographie, au lieu d'écouter, Hilke s'était amusée à reproduire le tatouage que Peter avait sur le bras : un triangle entouré d'étoiles. Sans arrêt, elle regardait l'horloge accrochée au-dessus de la porte, impatiente de savoir si Peter serait dans le métro. Si oui, elle resterait dans les parages en attendant Téo. Un plan parfait, mais un plan que les Corbeaux avait bousculé en déferlant dans la station.

Faisant toujours semblant de fouiller dans son sac, Hilke observe pour la dixième fois les silhouettes qu'entourent les contrôleurs. Peter n'en fait pas partie, mais elle aimerait quand même s'en assurer une onzième fois, quand une voix lui rappelle qu'elle doit s'éloigner. Toujours la même policière :

– Mademoiselle ! Vous avez perdu votre chemin ? Il me semble vous avoir demandé de circuler, alors faites-le avant que je vous conduise moi-même vers la sortie !

Cette fois, Hilke s'éloigne prudemment. Pour elle, l'important c'est que Peter ait échappé aux Corbeaux. Cela devrait la rassurer, sauf qu'il n'était pas dans la station ce matin non plus. Pourquoi? Quelqu'un l'avait-il prévenu qu'il y aurait un contrôle? Qui? Est-ce que les Corbeaux étaient venus exprès pour lui? Si Peter a senti le danger, peut-être qu'il ne reviendra plus jamais? «Espérons que non!» pense Hilke qui n'arrive pas à chasser ce mauvais pressentiment.

2

Vendredi 18 heures

L'épaule appuyée contre la vitre, Téo regarde son cousin Lucas rigoler en fixant les haut-parleurs d'où sort une voix anonyme annonçant le nom de la station : *Parc/Park*. Juste avant, il avait déjà souri en entendant : *Schuman/Schuman* et *Mérode/Mérode*. Baissant à peine la voix, Lucas se penche vers Téo assis en face de lui :

– Ici vous dites toujours les mots deux fois ? Tu veux que je t'appelle *Téo/Téo* ? Ou *Cousin/Cousin* ?

Lucas rit plus franchement encore et précise :

– À la longue je m'y ferai, mais comme je ne reste pas longtemps, je préfère ne rien changer à mon nom : pour moi, ce sera juste Lucas *une fois* !

Alors que Lucas exagère un accent belge de mauvaise qualité et répète sans arrêt : « Lucas, une fois ! Lucas une fois ! », Téo se mord la langue pour ne pas être désagréable, mais il le pense très fort : « Quel boulet ! »

La mauvaise humeur de Téo monte encore d'un cran quand il pense aux six prochains jours, car son cousin va rester à Bruxelles toutes les vacances de carnaval. TOUTES LES VACANCES ! Cela commence mal ! À la gare, c'était déjà mal parti : pendant de longues minutes, Téo avait été obligé de faire le pantin sur le quai en agitant une pancarte avec le nom LUCAS écrit en lettres majuscules.

– Sans cela, oublie, vous allez mettre des heures à vous retrouver, l'avait prévenu sa sœur en traçant les lettres sur un morceau de carton.

Sa sœur Lucie avait un an de moins, mais elle voulait toujours prouver qu'elle était plus intelligente que lui. Quand Téo avait été désigné pour aller chercher ce cousin qu'il n'avait presque jamais vu, il s'était inquiété : «Mais je ne vais jamais le reconnaître ! » Avant tout le monde, Lucie avait répliqué avec cet air supérieur qu'il détestait :

– Pas besoin de le reconnaître, suffit de lui téléphoner !

Téo était en train de chercher une réponse qui agacerait sa sœur quand leur père était intervenu :

– Sauf que je crois qu'il n'a pas pris son téléphone, parce qu'il ne pouvait pas appeler ou recevoir des appels de l'étranger. Mais ce n'est pas grave, avant, on vivait sans téléphone portable et on se débrouillait très bien...

– ... Alors tu n'auras qu'à te mettre au bout du quai avec son nom écrit sur un papier, avait très vite ajouté Lucie pour être sûre d'avoir le dernier mot.

– Oui, voilà, tu peux faire ça, ta sœur peut t'aider, c'est une bonne idée, avait jugé leur père qui craignait de les voir se disputer. Ceci dit, moi je ne suis pas inquiet : ton cousin, on l'a vu il n'y a pas si longtemps ! Aujourd'hui, Lucas a quatorze ans comme toi, donc plus ou moins la même taille. Sa mère m'a dit aussi qu'il aurait un sac à dos vert, il ne doit pas y en avoir des milliers...

Pas des *milliers*, mais presque ! Ce jour-là, à la gare du Midi, tous les garçons semblaient descendre du train avec des sacs à dos verts ! Contrairement aux hypothèses de son père, Lucas n'avait pas non plus la même taille que Téo, mais au moins dix centimètres de plus ! Un géant ! Grand en taille, mais avec un humour de nain de jardin ! Affreux ! Sans rien dire, Téo attend patiemment l'arrêt suivant pour clouer le bec de son cousin. Plus que quelques mètres, trois, deux, un... : *Zwarte Vijvers/Étangs Noirs.* Ça y est !

– *ZWARTE VIJVERS/ÉTANGS NOIRS !* Là, tu entends la différence !

Téo s'en veut tout de suite d'avoir un peu élevé la voix. « Après tout, se raisonne-t-il, Lucas n'est jamais venu à Bruxelles, alors c'est normal qu'il s'étonne et qu'il pose des questions. Peut-être même qu'il est mal à l'aise et que c'est pour ça qu'il fait des blagues d'enfant de quatre ans. » Si c'est le cas, Téo se dit qu'il devrait être plus sympa et jouer les guides touristiques, alors il précise en souriant :

– Tu sais, la Belgique est un pays hyper bizarre. Au nord, tu as la Flandre où on parle le néerlandais, au sud la Wallonie où on parle le français et tout en bas, près de l'Allemagne, encore un petit bout de pays où on parle allemand. Par contre, presque au milieu, tu as Bruxelles où on parle le français et le néerlandais. Tu vois le truc?

– Waouh, ça fait beaucoup de langues pour un seul pays! Surtout que c'est pas l'Amérique!

– Sans compter qu'en Flandre on parle aussi le flamand d'Anvers ou le flamand d'Ostende et en Wallonie le wallon de Liège ou le wallon de Namur, qui sont des langues régionales.

– Comme le provençal ou le breton?

– Si tu veux, mais attends, c'est pas fini: Bruxelles est aussi la capitale de l'Europe, beaucoup d'entreprises étrangères ont leurs bureaux ici, alors, en ville, dans les magasins ou dans la rue, tu entendras plein d'autres langues! Mais, historiquement, à Bruxelles, on parle français et néerlandais. Du coup, dans le métro, on donne toujours le nom des stations dans les deux langues.

– Même si c'est le même mot dans les deux langues?

– Oui, même si c'est le même mot, confirme Téo. Sinon les uns ou les autres pourraient se vexer, mais ça c'est de la politique. Retiens juste qu'à Bruxelles, le nom des rues, des boulevards, des stations de métro ou les publicités, tout est toujours en deux langues. C'est une ville bilingue : ici on est à Bruxelles/Brussel. Tu comprends ?

– Classe ! Quand je rentrerai chez moi, je pourrai épater tout le monde en leur parlant avec des mots en néerlandais !

Téo répond : « Oui, oui », pour ne pas casser l'enthousiasme de son cousin qui soudain se lève pour étudier le plan des stations affiché au-dessus de la porte. Avec sa taille, Lucas n'a aucun mal à suivre du doigt le trajet qu'ils viennent de faire. Il se tourne vers Téo pour lui demander :

– On descend où ?

– À la prochaine : *Poste/Post*.

Lucas répète « *Poste/Post* » comme si ces mots allaient faire apparaître une créature magique, alors Téo se sent obligé d'expliquer :

– Cherche pas trop loin ! C'était juste l'emplacement du premier entrepôt de la Poste ! Allez, viens, sinon on va oublier de descendre !

Autour d'eux, plusieurs personnes se rapprochent déjà des portes et Téo croise les doigts pour que Hilke soit encore dans la station. La voir lui permettrait d'adoucir son humeur. Cela lui ferait des vacances, de vraies vacances celles-là !

À peine sur le quai, les deux garçons sont happés par des flots de passagers qui se pressent vers la sortie ou vers les couloirs de correspondance. Lucas se rapproche de Téo :

– Waouh, quel monde ! L'angoisse si on se perd ! Sans toi, je serais obligé d'errer dans le métro pendant des heures et des heures ! Perdu à jamais, peut-être !

Sans le montrer, Téo sourit en imaginant la scène, mais il rassure très vite son cousin :

– T'inquiète ! Si tu ne me vois plus, arrête-toi et ne bouge plus. Avec ta taille, je te retrouverai facilement !

Comme si son cou était télescopique, Lucas rentre immédiatement la tête dans ses épaules, ce qui lui fait perdre quelques centimètres. Craignant de l'avoir vexé, Téo change de sujet :

– Là, ça se bouscule parce que c'est une grande station. Il y a plusieurs lignes et beaucoup de correspondances possibles, alors c'est normal qu'on se marche sur les pieds. Surtout à cette heure ! Et puis, regarde, des policiers ferment l'accès au couloir de la sortie 4 ! Pas étonnant que ça coince. Si Hilke est là, elle nous donnera sûrement l'explication.

– Hilke, c'est un diminutif ?

– Pas du tout, c'est le nom de la copine dont je t'ai parlé à la gare. Hilke, c'est un prénom d'origine flamande parce que sa mère vient de là...

– Mais si ta copine ne parle pas français, moi je ne vais la comprendre, s'inquiète Lucas.

– Sauf que Hilke est une vraie bruxelloise : elle parle flamand avec la famille de sa mère, mais, moi, je l'ai toujours entendue s'exprimer en français ! Tu peux me croire : on est dans la même école depuis qu'on a dix ans, autant dire que je la connais depuis toujours ! Tu verras, elle est super sympa, mais, un conseil avant de la rencontrer : ne t'avise jamais de te moquer de son prénom en l'appelant *Hulk* par exemple (en le disant, Téo écarte les bords de sa veste et bombe le torse comme le super-héros). Un jour quelqu'un a essayé et... *gari-gari* !

– *Gari-gari*?

– C'est une prise de judo (Téo sabre l'air avec ses bras), Hilke est très forte en judo !

Téo s'amuse de la réaction de son cousin et fouille la station du regard, avant de pointer le doigt vers la librairie :

– Ah, super ! Hilke est là !

Suivant la direction indiquée par le bras de Téo, Lucas voit une fille qui leur fait signe. Elle a des lunettes, des cheveux coupés courts et une silhouette élancée. Lucas ne l'aurait pas imaginée faire du judo. Plutôt de la danse ou de la gymnastique. Quand elle arrive à leur hauteur, elle s'accroche au bras de Téo et lui parle très vite, mais Lucas ne comprend rien à ce qu'elle dit. On dirait un langage codé :

– Les Corbeaux bloquent le côté boulevard ! Mais tu me connais, j'ai réussi à m'approcher. Maintenant, je sais au moins qu'ils n'ont pas coincé Peter ! N'empêche, je m'inquiète, j'ai un mauvais pressentiment ! Si ça se trouve...

– *Si ça se trouve*, comme tu dis, ton Peter est parti en vacances ! Comme mon cousin qui, lui, arrive de France et... (Téo insiste et tend la main vers Lucas) je te présente...

– Avoue : tu dis cela parce que tu ne l'aimes pas ! l'interrompt brutalement Hilke. Hier, je suis sûre que c'est pour ça que tu es parti, l'accuse-t-elle sans un regard pour Lucas. Mais, là, tu vois, je te le dis franchement : je m'en fiche ! Tu peux penser ce que tu veux, moi je crois que les Corbeaux n'ont pas débarqué dans la station par hasard. Peut-être qu'ils le cherchaient ! Peut-être que quelqu'un l'a dénoncé ! Peut-être qu'il a des problèmes !

Surpris par l'accueil de son amie qui lui secoue le bras en parlant, Téo se sent un peu ridicule. Pour lui, décidément, les vacances commencent mal ! Pour faire diversion, il se tourne vers Lucas et lui fait un clin d'œil :

– Crois-moi, habituellement, on est les meilleurs amis du monde ! N'est-ce pas ? demande-t-il à Hilke en espérant un sourire, un éclat de rire, n'importe quoi.

Mais à la façon dont Hilke le regarde, Téo comprend tout de suite que c'est raté :

– Tu veux savoir pourquoi j'ai raison de m'inquiéter ? reprend-elle sur le même ton. Tu veux une preuve? La preuve, je l'ai eue par les frères siamois! Betty m'a envoyé un message pour me dire que ce midi, ils ont vu le chien de Peter dans un wagon de la ligne 6! Magik sans Peter, t'imagines? Alors que tous les deux sont inséparables! Un jour, Peter m'a même dit qu'entre eux, c'était *à la vie à la mort*!

Téo laisse son amie lui secouer le bras, mais il ne comprend pas son inquiétude. Surtout que d'habitude, elle ne s'inquiète jamais pour rien. Comme si elle devinait ses doutes, Hilke insiste:

– Le chien était tenu en laisse par une fille avec des dreadlocks et un petit accordéon! Or Peter ne connaît personne à Bruxelles, je le sais: il me l'a dit. Tu vois, c'est bien la preuve qu'il se passe un truc pas normal!

Téo observe Lucas qui les regarde en ouvrant régulièrement la bouche comme s'il allait dire quelque chose, mais il ne dit rien. «On dirait un poisson rouge», pense très vite Téo avant de réagir à la description de Hilke:

– La fille qui tenait le chien, elle avait un manteau indien?

– Betty ne me l'a pas dit, j'en sais rien. Pourquoi tu me poses la question, tu la connais? l'interroge Hilke avec plein d'espoir dans la voix.

– Parce, tout à l'heure, moi aussi j'ai pris la ligne 6 pour aller à la gare du Midi. À la station *Louise*, j'ai vu une fille qui jouait de l'accordéon assise sur un muret. C'était un petit accordéon rouge (Téo montre la dimension en écartant ses mains de quelques centimètres), le genre d'instrument qu'on ne voit pas tous les jours ! Pour ça que je l'ai remarqué ! Maintenant que tu le dis, c'est vrai qu'elle avait aussi un chien qui pourrait ressembler au...

– À quelle station? À quelle heure? Alors, on y va ! *Go, go!*

Comme si elle prenait le départ d'une course, Hilke incite les deux garçons à la suivre :

– Allez, hop hop hop ! *Go!*

Téo la retient juste avant qu'elle ne franchisse les guichets. Sur le principe, il serait prêt à la suivre, mais il est bien obligé d'y renoncer :

– Mes parents m'ont demandé de rentrer directement en sortant de la gare, on est déjà en retard, pourtant j'aurais voulu...

– OK, j'ai compris. Si tu ne veux pas me suivre, je me débrouillerai toute seule ! Pas de problème. *Tchao !*

Très vite, Hilke disparaît dans la masse des passagers qui se dirigent vers les quais. Planté à côté de Téo, Lucas n'en revient pas :

– Waouh, c'est un ouragan ta copine ! T'es sûr qu'elle parlait français ? Moi, j'ai rien compris ! Maintenant, faut que tu me fasses la traduction !

À nouveau assis dans le métro qui les ramène vers chez lui, Téo décrypte les informations données par Hilke en expliquant à son cousin qui sont les « Corbeaux » et qui est « Peter ». Il termine par les frères siamois :

– Ce ne sont pas de vrais frères siamois, évidemment.

– C'est ce que je me disais, parce que dans le métro, avec quatre jambes, trois bras ou deux têtes, ce serait complètement dingue !

– Tu l'as dit ! Non, Hilke les a surnommés comme ça parce que ce sont des jumeaux et qu'ils sont suédois. Au début, on disait les « frères suédois », mais à la longue c'est devenu les « frères siamois » ou juste les « siamois »...

– Mais ils se ressemblent ?

– Ben non, pas vraiment ! Nous, souvent, on dit les « frères siamois », mais en fait, il y a un garçon et une fille ! Boris et Betty. Forcément, ils ont le même âge, mais Betty dépasse Boris d'une tête au moins. Par contre, ils sont roux tous les deux.

– Roux ? Mais je croyais que tous les Suédois étaient blonds ! Avec toi, c'est toujours compliqué !

La suite du voyage est silencieuse. Sans le dire, Téo pense aux mauvais pressentiments de Hilke. « Peut-être qu'elle a raison de s'inquiéter ? Cette fille à l'accordéon est peut-être une voleuse de chien ? Ou pire ? Où est passé Peter ? » Petit à petit, Téo sent une main invisible lui tordre l'estomac. Plus il réfléchit, plus il pense que les prochains jours ne seront pas des vacances, mais, pour être sympa avec son cousin, il s'oblige à être positif :

– Tu verras, je te ferai visiter la ville. Ou on demandera à ma mère de nous prêter sa tablette. On pourra écouter de la musique ou traîner sur Internet, je crois qu'on va bien se marrer.

– Ouais, on va bien se marrer, reprend Lucas sans trop y croire.

Au fond de lui, Lucas n'est pas très heureux d'être dans ce métro, en face de ce cousin qu'il connaît à peine. Il préférerait mille fois être dans le sud de la France, dans sa maison, dans son jardin, à Carpentras. À cette heure, il ferait sûrement du vélo avec son voisin Lionel ou bien ils seraient assis tous les deux près de la fontaine. Surtout, Lucas pourrait épier ses parents qui parlent de déménager à Nice pour se rapprocher du nouveau travail de son père. Avant de monter dans le train, Lucas leur a fait promettre de ne rien décider avant son retour parce que, lui, il n'a pas du tout envie de quitter sa chambre, son collège, ses copains du foot et leurs délires d'après match.

Plongés chacun dans ses pensées, les deux garçons regardent les stations défiler jusqu'à *Montgomery/Montgomery*. Voilà, ils sont arrivés. Tout le monde descend.

3

Samedi midi

Pour la dixième fois, Téo sort son téléphone pour regarder l'heure : 12:40 ! Il a l'impression d'être devant cette baraque à frites depuis un siècle.

Six, sept, huit personnes sont encore dans la file avant eux. Tout le monde a l'air de plaisanter et de prendre son temps. Téo a de plus en plus de mal à rester en place. S'il était tout seul, il serait parti en courant depuis longtemps, mais il ne peut pas abandonner ses parents, sa sœur et son cousin Lucas qui lit lentement une suite de mots comme si c'était du chinois :

– *Andalouse. Brazil. Rouge. Samouraï. Tartare.* Moi, à part ketchup, moutarde et mayonnaise, je suis perdu!

Complice, le père de Téo lui fait un clin d'œil et conseille:

– Avec les frites, tout va! Ici, c'est le meilleur *Fritkot* de Bruxelles. Il y a toujours du monde. Même Johnny Halliday est venu manger des frites ici! Va voir, les photos sont affichées près du comptoir.

Accompagné de Lucie, Lucas s'approche pour regarder les images en noir et blanc que Téo a déjà vues mille fois. Dès que son cousin et sa sœur se sont éloignés, il sort à nouveau son téléphone pour voir s'il n'a pas reçu un message des siamois. Ou de Hilke, ce qui serait encore mieux! Plus les heures passent, plus il s'inquiète: depuis la veille, Hilke ne répond plus à ses messages et elle ne s'est plus connectée nulle part. «Peut-être qu'elle est fâchée parce que j'ai refusé de la suivre dans le métro? Ou peut-être qu'elle avait raison de s'inquiéter et que maintenant elle aussi a disparu? Comme Peter?»

Pressé d'avoir des informations, la veille au soir, Téo avait appelé les siamois. C'est Betty qui avait répondu, elle n'avait pas de nouvelles de Hilke non plus :

– À dix-sept heures, on devait se retrouver à la bibliothèque, mais elle n'est pas venue.

– C'était quand la dernière fois que tu lui as parlé ?

– Quand je suis sortie des cours, elle m'a envoyé un message pour me dire qu'elle t'avait vu et qu'elle partait chercher le chien de Peter sur la ligne 6. Je croyais que tu étais avec elle et qu'elle me raconterait tout ça à la bibliothèque, mais comme elle n'est pas venue, je n'en sais pas plus. Bon, tu m'excuses, mais là, je dois descendre, ça fait trois fois que mon père m'appelle. Alors salut, salut, salut ! Si quelque chose arrive, je te dis, promis !

Téo n'avait pas eu le temps d'insister, Betty avait déjà raccroché.

Tout le reste de la soirée, il avait attendu un message de Betty ou de Hilke, du coup il ne s'était pas vraiment intéressé aux blagues de sa sœur, ni aux albums que ses parents avaient sortis pour montrer à Lucas des photos des vacances qu'ils avaient passées tous ensemble à Carpentras quand il était bébé. Lucie n'était pas encore née et Lucas était évidemment trop petit pour s'en souvenir, mais les photos les avaient fait hurler de rire.

Plus les heures passaient, plus le silence de Hilke inquiétait Téo. Cela l'avait presque empêché de dormir et c'est aussi la première chose à laquelle il avait pensé en ouvrant les yeux le lendemain matin. Hélas, toujours aucun message pour le rassurer ! Profitant de l'absence de Lucas, parti prendre sa douche, Téo avait rappelé les siamois pour partager son inquiétude. Betty dormait encore, mais Boris était bien réveillé :

– Tu as raison, c'est pas normal !

– Tu crois qu'il lui est arrivé quelque chose ? Qu'est-ce qu'on doit faire ? Tu crois qu'on devrait en parler aux parents ? (Téo y pensait de plus en plus.)

– Avant de décider quoi que ce soit, on devrait se voir ! Si tu veux, je peux venir chez toi tout de suite, ou alors on se retrouve à treize heures trente dans le métro, comme d'habitude.

La proposition de Boris avait rassuré Téo, trop content de ne plus s'inquiéter tout seul. Pour sa part, il était prêt à bouger dans la seconde, mais ses parents avaient d'autres projets :

– Pas question de t'enfermer avec ton copain ce matin ! lui avait sévèrement répondu sa mère. On a prévu d'aller tous ensemble au marché et puis, ce midi, on ira manger des frites « avec les doigts ». Pour la suite, on verra ! Pourquoi tu fais la tête ? Habituellement, tu adores ça !

C'est vrai que, d'habitude, Téo adorait aller manger des frites, mais pas aujourd'hui ! Parce qu'aujourd'hui n'était pas une journée « comme d'habitude », puisque Hilke ne répondait plus à ses messages depuis la veille ! Conscient qu'il n'arriverait pas à se défiler, Téo avait hoché la tête, puis confirmé à Boris le rendez-vous de treize heures trente.

Mais, maintenant que c'est presque l'heure, Téo croise les doigts pour que les gens dans la file commandent leurs frites le plus vite possible. Pendant que Lucas et Lucie débattent du choix de la meilleure sauce, Téo regarde son téléphone pour la centième fois. Toujours rien. Sauf que le geste n'a pas échappé à son père qui fronce les sourcils et s'approche de lui :

– On est tous ensemble, tu pourrais faire un effort ! Hier soir, j'ai remarqué aussi que tu ne quittais pas ton téléphone des yeux ! Je te rappelle que ton cousin ne vient pas tous les jours, alors tu pourrais t'intéresser un peu plus à lui. Pour Lucas, en ce moment, ce n'est pas très facile. Je ne sais pas s'il t'en a parlé, mais son père va changer de boulot, ce qui va peut-être les obliger à quitter Carpentras pour Nice. Tout cela entraînerait beaucoup de changements pour Lucas. Ce qui lui fait évidemment un peu peur, mets-toi à sa place ! Ici, il peut penser à autre chose, alors ce serait bien que tu lui consacres plus de temps, que tu partages des choses avec lui !

Malin, Téo comprend tout de suite comment la suggestion de son père pourrait lui être utile. L'occasion est trop belle :

– Justement, après les frites, avec Lucas, je voulais aller voir... (Téo cherche une destination qui le rapprocherait de la station *Poste/Post.*) Par exemple... aller voir... le Manneken-Pis ! (Téo n'a pas trouvé mieux.) Ce n'est pas très... mais au moins ce sera l'occasion de faire une promenade, on visitera la ville.

– Parfait ! Je savais qu'on pouvait compter sur toi, répond le père en regardant fièrement son fils. Cet après-midi, ta mère voulait vous proposer d'accompagner Lucie à son tournoi de tennis, mais le Manneken-Pis, c'est beaucoup mieux !

« Tu parles que c'est beaucoup mieux ! » pense Téo, maintenant certain de pouvoir rejoindre ses amis, ce qui le met de meilleure humeur.

La dernière frite avalée, Téo écoute distraitement les nombreuses recommandations données par ses parents :

– Faites le tour de la Grand-Place ! Profitez-en pour voir les Galeries royales ! Retour avant dix-huit heures, pas plus tard !

Pour ne pas perdre de temps, Téo promet et jure tout ce qu'on veut, puis il entraîne son cousin vers l'entrée du métro le plus proche.

Courant à ses côtés, Lucas a encore dans la bouche le goût des trois sauces qu'il vient de tester et, dès qu'il peut, il ralentit, reprend son souffle et décrète solennellement que *Samouraï* est sa préférée :

– Ça arrache un peu, mais c'est plus original que *Tartare* qui ressemble à de la béarnaise. Moi...

– Tu peux garder un secret ? l'interrompt Téo en plongeant ses yeux dans ceux de son cousin.

– Un secret comment ? s'inquiète Lucas en regardant autour de lui (mais, à part eux, le quai est presque vide). Tu crois que je pourrais avoir des ennuis ?

– Non, pas vraiment. Mais c'est un secret qui t'obligera à jouer un peu la comédie. T'as déjà fait du théâtre ?

– Pour des spectacles de l'école, mais ce n'était pas très...

– Parfait ! Tu te débrouilleras sûrement très bien. Le secret, c'est qu'on ne va pas aller voir le Manneken-Pis, ou alors on jettera juste un coup d'œil en vitesse. Là, on retourne à *Poste/Post*, la station où on était hier. Les siamois y sont déjà, on est tous très inquiets : Hilke a disparu...

– Ta copine *gari-gari* ?

– Voilà. Plus personne n'a de ses nouvelles depuis qu'elle est partie à la recherche de ce chien. Magik, le chien...

– ... de Peter, le musicien dont elle est amoureuse, complète Lucas. Tu vois que j'ai quand même compris quelque chose à ton histoire !

– Mais pas du tout ! Pas du tout !

– Ah ? Pardon, j'avais cru, s'excuse Lucas en secouant les mains devant lui.

Téo profite de l'arrivée du métro pour changer de sujet. Il entre le premier dans la rame, avance un peu, mais reste près des portes. Il ne tient pas en place :

– Crois-moi, c'est sérieux ! Quelqu'un qui disparaît dans le métro, ce ne serait pas la première fois !

Lucas rejoint son cousin dont l'inquiétude est contagieuse. Après avoir regardé une nouvelle fois autour de lui, il se penche vers l'oreille de Téo. Sa voix n'est plus qu'un murmure :

– C'est déjà arrivé ? Ici ? Quelqu'un a déjà disparu dans le métro ? Un enlèvement ? Tu crois qu'on est en danger ?

– Peut-être pas nous, pas à Bruxelles, mais des histoires comme ça, on en a déjà parlé à la télé, dans des livres ! Et puis, de toute façon, c'est inquiétant pour Hilke ! Parce que...

Le vacarme des freins du métro qui entre dans la station couvre la fin de la phrase de Téo.

Poste/Post, ils y sont.

Sans les avoir jamais vus, Lucas reconnaît tout de suite les deux personnages qui se lèvent dès que le métro s'immobilise. Tous les deux ont les cheveux paprika et viennent à leur rencontre : les fameux siamois, sans aucun doute. Téo fait rapidement les présentations et résiste à Betty qui tente de l'entraîner vers le couloir des correspondances.

– T'inquiète, lui dit-il, on n'a pas besoin d'avoir des secrets. Lucas, c'est mon cousin, il était avec moi hier quand on a vu Hilke et que...

– *How*, très bien ! Parce que d'abord j'avais cru qu'elle...

– ... *qu'il*, la reprend machinalement Téo. *Un* cousin, *il*.

– *How !* soupire-t-elle en regardant Lucas qui sourit, séduit par cet accent et cette façon de parler. Le français, le français, le français, il y a des pièges partout, conclut-elle en remuant la tête de gauche à droite.

Son frère l'interrompt et la pousse, trop pressé de montrer un papier qu'il vient de sortir de sa poche :

– Regardez, il y a du nouveau ! On a trouvé un truc incroyable ! IN-CROY-ABLE !

Comme s'il était magicien, Boris déplie la feuille très lentement et la montre aux autres en faisant des bruits de tambour avec sa bouche :

– Ta ta taaa !

Téo s'approche pour examiner le document. C'est un avis de disparition comme on en voit dans les bus ou collé sur la vitrine des magasins. Sur le côté, il est écrit *MISSING* en majuscules rouges. Au milieu de la page, il y a la photo d'un visage que Téo croit reconnaître, mais Boris est le premier à donner des explications :

– Cette affiche, on l'a trouvée à l'arrêt du bus près de chez nous ! Moi, dès que je l'ai vue, j'ai tout de suite reconnu la fille. C'est elle qui tenait le chien de Peter dans le métro hier ! Parce que Betty et moi, on est sûrs que c'était Magik ! On l'a reconnu à cause du foulard noué autour de son collier. C'est pour cela qu'on a prévenu Hilke.

Même si la photo n'est pas de très bonne qualité, Téo est certain aussi que ce visage est bien celui de la fille qui jouait de l'accordéon à la station *Louise*. La station vers laquelle Hilke était partie comme une fusée. Rapidement, il donne cette information aux autres et il lit le texte qui illustre la photo :

Kenza KOCH. 16 ans.

A disparu depuis le jeudi 07.02 du domicile de ses parents à Mons.

Pourrait se trouver dans la région bruxelloise.

Signes particuliers : dreadlocks couleur châtain, musicienne (accordéon).

L'affiche passe de main en main, puis Boris formule à voix haute ce que tout le monde pense tout bas :

– D'abord Hilke, maintenant cette Kenza Koch, cela fait beaucoup de disparitions ! On dirait le début d'un film policier ! Mais qu'est-ce qui va se passer après ? Qu'est-ce qu'on peut faire ?

4

Samedi après-midi

Téo a l'impression que sa tête va exploser.

À l'intérieur, la question de Boris repasse en boucle de plus en plus fort :

« MAIS QU'EST-CE QUI VA SE PASSER APRÈS ? QU'EST-CE QU'ON PEUT FAIRE ? »

Contrastant avec ce vacarme, le silence autour de lui surprend Téo. Boris, Betty et Lucas ne disent rien et, sans l'affluence des jours de semaine, la station *Poste/Post* ressemble à un désert. Même la librairie et le stand de gaufres sont fermés. L'ambiance est lugubre, mais pas la voix de Betty qui est la première à faire une proposition :

– Moi j'ai une idée ! On pourrait aller chez Hilke, comme si on venait la voir pour lui faire une surprise ! *Maybe*, elle a juste perdu son téléphone !

Immédiatement, son frère l'interpelle sur un ton de professeur :

– Ça suffit ! Arrête avec tes mots anglais ! Tout le monde n'est pas bilingue et toi, si tu mélanges tout le temps les langues, plus personne ne te comprendra !

Puis il reprend, plus conciliant :

– Alors, oui, PEUT-ÊTRE que Hilke a perdu son téléphone, mais la connaissant, moi je n'y crois pas ! Vous en pensez quoi, vous ?

Les autres se regardent en silence. Téo est d'accord avec Boris, il aimerait le lui dire, mais Lucas s'invite soudain dans la conversation :

– Ce qui est sûr, c'est que je ne vous conseille pas d'appeler la police ! Un jour, j'ai vu un film où deux frères attendaient leurs parents qui devaient rentrer à vingt heures. À vingt-deux heures, les parents n'étaient toujours pas là, alors, inquiets, les deux frères ont téléphoné au commissariat. Sauf que les policiers leur ont raccroché au nez parce qu'ils ont pensé que les deux frères leur faisaient une blague. C'était super pas drôle !

Curieux, Boris et Betty veulent connaître le titre du film, savoir quels acteurs avaient les rôles principaux et s'il y a un *happy end* ou pas.

Téo n'en croit pas ses oreilles. À les entendre, c'est comme si Hilke était juste partie acheter une gaufre ou une glace et qu'ils bavardaient en l'attendant ! Sur les nerfs, il leur rappelle qu'ils ont des choses plus importantes à discuter :

– Finalement, qu'est-ce qu'on fait ? Si on va chez Hilke et qu'elle n'est pas là, qu'est-ce qu'on dit à sa mère ? Et qui est cette Kenza Koch ? Pourquoi elle avait le chien de Peter ?

Au hasard, Téo a choisi trois questions parmi les milliers qui se bousculent dans sa tête. Face à lui, Betty prend une longue inspiration, comme si elle allait se jeter à l'eau, mais un signal sur son téléphone stoppe son élan. Elle s'excuse :

– *How*, désolée, sûrement ma mère...

Betty prend son téléphone et jette un coup d'œil machinal sur l'écran, avant de pousser un cri, mélange de surprise et de joie :

– C'est Hilke ! C'est un message de Hilke !

Elle tend le téléphone vers les garçons pour qu'ils puissent lire le court texte. Un message inquiétant :

« URGENT ! BESOIN DE VOUS ! LUXEMBOURG-SORTIE BUS ! »

Sans attendre, les siamois courent déjà vers les escaliers menant aux quais, pendant que Lucas reste assis, stupéfait. Se tournant vers Téo, il l'interroge avec anxiété :

– Le Luxembourg ! Ne me dis pas qu'on va aller jusqu'au Luxembourg ! Connaissant mes parents, ils ne seront jamais d'accord !

– T'inquiète, t'inquiète ! *Luxembourg*, c'est juste le nom d'une gare, sourit Téo en faisant signe à son cousin de se lever pour rejoindre les jumeaux qui se disputent bruyamment devant les guichets.

Amplifiées par les couloirs vides, les voix des siamois résonnent dans la station. Téo n'a aucun mal à entendre Boris crier qu'il faut sortir prendre un tram puis un bus. À un mètre de lui, sa sœur maintient qu'en reprenant le métro et en rejoignant la ligne 6 jusqu'à la station *Trône/Troon,* ils n'auront plus qu'à remonter l'avenue du Parlement pour atteindre la gare du *Luxembourg* où leur amie est peut-être en danger. Pour convaincre son frère, elle fait de grands gestes, comme si l'avenue s'ouvrait juste devant elle. Arrivé à leur hauteur, Téo lève le bras pour les arrêter :

– STOP ! Au lieu de se précipiter, pourquoi on n'appelle pas Hilke ? Si elle a envoyé un message, elle pourrait aussi nous répondre !

Reprenant ses esprits, Betty tient la manche de son frère comme si elle avait peur qu'il en profite pour partir sans l'attendre. Avec son autre main, elle pianote sur le clavier de son téléphone et active le haut-parleur. Les autres se rapprochent, pleins d'espoir, mais ils sont vite déçus. Après trois sonneries, ils entendent un brouhaha très bref, puis le déclenchement du répondeur de Hilke. Sans trop y croire, Téo fait signe à Betty de recommencer, mais cette fois, il n'y a même pas de sonnerie. Juste le répondeur.

Tous savent ce qui leur reste à faire : direction *Luxembourg* !

Pour éviter la reprise des discussions entre les siamois, Téo prévient que ce sera métro et changement pour rejoindre la ligne 6 jusqu'à la station *Trône/Troon*, avant de choper un bus. Pas de discussion ! Ce scénario est approuvé par le groupe. Même par Lucas qui acquiesce par principe, mais qui se sent un peu perdu dans le dédale des transports que les autres maîtrisent sur le bout des doigts. Par sécurité, il se rapproche de son cousin :

– Quoi qu'il arrive, on reste ensemble ! Chez moi, à Carpentras, il y a juste quatre lignes de bus, ici, je m'y retrouverai jamais !

Machinalement, Téo hoche la tête pour répondre à son cousin, que Betty réconforte aussi en indiquant l'itinéraire choisi sur le plan affiché au-dessus de la porte :

– C'est simple : il faut regarder le couleur du ligne, explique-t-elle en commettant des fautes que personne ne corrige.

La rame de métro qui les emporte file presque aussi vite que les pensées dans la tête de Téo. Savoir que Hilke leur a (enfin) fait signe devrait le rassurer, mais il se demande ce qui les attend à la gare du *Luxembourg*. À ce mystère s'en ajoute un plus grand encore : pourquoi Hilke a envoyé son message si important à Betty plutôt qu'à lui ?

Téo se souvient que les siamois, Hilke les a rencontrés le fameux jour où Oscar-la-gaufre avait couru dans toute la station pour récupérer sa canette. Comme les autres, Téo avait participé au chahut et avait entraîné Hilke dans les barrages qui s'improvisaient pour protéger la fuite de celui qu'on accusait de vol. Bras dessus, bras dessous, ils avaient formé le début d'une chaîne que d'autres étaient venus renforcer. Boris et Betty étaient parmi eux. Ils étaient tout de suite devenus leurs amis. Mais c'étaient des amis du début de l'année. « Trois fois rien », pense Téo, alors que Hilke et lui se connaissent depuis l'école primaire ! Aux autres, elle le présente toujours comme son « meilleur ami ». Or un meilleur ami, c'est celui qu'on appelle quand on a des problèmes. « Que s'est-il passé ? Qu'est-ce qui a changé ? Hilke aurait-elle un autre "meilleur ami" ? Peter ? »

L'idée ne lui plaît pas du tout, mais Téo n'a pas le temps d'y réfléchir plus longtemps car, devant lui, les siamois sautent déjà dans un bus qui semblait n'attendre qu'eux. Trois minutes plus tard, ils sont à *Luxembourg*. Nouvelle cavalcade dans les escaliers. L'accès «bus» est au niveau -2, mais il y a beaucoup de monde dans les couloirs. Téo aimerait avoir la taille de Lucas ou de Betty pour voir au-dessus des épaules de tous ces gens qui lui bouchent la vue et ralentissent sa progression, mais c'est finalement Hilke qui les surprend. Elle bondit d'un renfoncement et les attire près d'elle :

– Super ! Je savais que je pouvais compter sur vous !

Comme si elle ne s'attendait pas à le voir là, elle ajoute à l'intention de Téo :

– Chouette ! Tu as pu venir aussi !

Paume levée, elle accueille également Lucas comme s'il avait toujours fait partie de leur bande :

– Belle équipe ! *The Dream Team !*

Téo regarde Hilke en se demandant pourquoi elle est aussi joyeuse. Apparemment, elle ne réalise pas qu'ils se sont inquiétés. Alors, maintenant qu'elle est devant lui en parfaite santé, il aimerait lui poser des questions. Mais Hilke l'interrompt au moment où il ouvre la bouche :

– Pour les détails, on verra plus tard ! On doit faire vite ! Vous voyez le gars assis sur les marches?

Tous les regards se tournent dans la direction indiquée et s'arrêtent sur un joueur de guitare qui pourrait ressembler à Peter, mais qui n'est pas Peter. Celui-là a les cheveux coupés court et un chapeau un peu cabossé par-dessus. «N'empêche que c'est encore un guitariste», peste Téo. Au moment où il le pense, l'inconnu range sa guitare et se lève. Hilke les prévient qu'il va falloir faire vite :

– Heureusement, vous êtes arrivés juste à temps ! Sans vous, j'aurais été obligée de laisser tomber !

Téo a du mal à suivre son amie qui sort de la gare et traverse un boulevard en continuant à leur donner des consignes qui ressemblent à des ordres :

– L'important, c'est de ne pas le perdre de vue et surtout de ne pas se faire repérer, ça pourrait être dangereux !

Comme si elle avait répété la scène plusieurs fois, Hilke pousse Lucas contre Betty en disant :

– Vous deux, restez ensemble, c'est parfait ! Vous pourrez nous suivre d'un peu plus loin sans nous perdre ! Par contre, vous (elle fait un geste pour désigner Téo et Boris) et moi, on ne le quitte pas d'une semelle ! Hop, c'est parti !

Pour réduire la distance entre eux et le musicien qui marche rapidement, Hilke accélère le pas et incite Boris et Téo à l'imiter. Sidéré par son autorité, Téo tente de la retenir :

– Qu'est-ce qui t'arrive ? C'est quoi ce cirque ?

Quand elle se tourne vers lui, Hilke a les lèvres pincées et le regard sévère :

– Tu ne vois pas qu'il y a urgence ? Mais si c'est trop compliqué pour toi, si tu as mieux à faire, tu n'es pas obligé de rester ! Comme je te l'ai dit l'autre jour : pas grave, je peux très bien me débrouiller toute seule !

Tiraillé entre l'envie d'avoir des réponses et celle de faire demi-tour pour montrer à Hilke qu'il n'a pas le caractère d'un gentil toutou bien dressé, trop curieux, Téo choisit finalement de rester. Rapidement, il rejoint Hilke qui a déjà pris de l'avance et est prête à traverser une rue sans l'attendre. Tout en faisant un signe de réconfort à son cousin, Téo passe un bras autour des épaules de Hilke, colle sa hanche à la sienne et se penche vers elle :

– Dans les films que j'ai vus, les espions jouent toujours les amoureux. Alors, je te préviens : je ne te lâcherai pas avant que tu me dises dans quelle galère tu nous embarques !

Marchant à leurs côtés, Boris a tout entendu. Sans intervenir, il leur indique discrètement que l'inconnu se dirige vers l'entrée d'une autre station de métro. Un univers qu'ils n'auront pas beaucoup quitté, décidément. Rassuré par la vigilance de leur copain, Téo interroge Hilke :

– Tu peux me dire ce qu'on fait ici ?

– On enquête sur la disparition de Peter... chuchote Hilke, énigmatique.

– Mais encore ? insiste Téo, en résistant au mouvement d'épaule que son amie fait pour se dégager. Apparemment, tu sais des choses qu'on ne sait pas. Un indice ?

Alignant son pas sur celui de ses amis, Boris s'engage le premier sur le quai et s'arrête à bonne distance du guitariste. Un coup d'œil lui permet de voir que Betty et Lucas se sont arrêtés eux aussi. Ils discutent ou font semblant de discuter pour jouer la comédie. Personne ne fait attention à eux. Téo se penche vers Hilke pour l'interroger :

– Si tu ne me dis rien, au lieu de le suivre, je peux aussi aller parler à ce...

Hilke réagit tout de suite :

– Non ! S'il disparaît, tout est perdu !

– Tu crois qu'il y a un rapport avec la fille de l'affiche ?

C'est Boris qui a posé la question, mais Hilke ne l'a pas entendue. Téo espère faire mieux avec une question plus directe :

– C'est quoi ton plan ?

– Mon plan, c'est de retrouver Peter au plus vite, parce qu'il est en danger !

À cet instant, le métro entre dans la station.

5

Samedi fin d'après-midi

Après s'être assuré que Lucas et Betty sont montés dans le même wagon qu'eux, Téo suggère à Boris de rester près des portes :

– Toi, tu guettes. Si le guitariste descend, tu nous fais signe.

Sa phrase à peine terminée, il se tourne vers son amie, qu'il tient toujours par l'épaule :

– Bon, maintenant, tu me dis, insiste-t-il. Sinon je vais lui parler ou je disparais, moi aussi. Ce qui est sûr, c'est que je vais faire quelque chose !

Hilke réagit au quart de tour :

– C'est du chantage ?

– Non, enfin si ! Hier, tu ne donnais plus signe de vie et, aujourd'hui, on doit te suivre sans rien demander ! Tous les deux, on se connaît bien, mais, pardon, je ne peux pas deviner ce qu'il y a dans ta tête...

– Dommage.

Le ton de Hilke est d'abord ironique et léger, mais elle reprend vite son air sérieux. Elle fronce même les sourcils :

– Oui, dommage, parce que ce serait plus rapide. Mais bon, si tu veux les détails, je vais te les donner : quand on s'est quittés hier, j'ai été à la station *Louise* et j'ai retrouvé la fille aux dreadlocks qui jouait de l'accordéon. Pile là où tu m'avais dit...

Téo devine que, en entendant le mot « accordéon », Boris, immobile dans leur dos, va sortir l'affiche avec le nom et la photo de Kenza Koch, mais Téo préfère attendre la fin du récit de Hilke pour ne pas tout embrouiller. Alors, il lui donne un discret coup de coude pour le retenir et récupère l'affiche. Sans remarquer leur manège, Hilke poursuit :

– La fille avec le chien de Peter ! Au début, je ne savais pas quoi faire, mais au moment où j'ai voulu aller lui parler, ce type, ce musicien qu'on suit, est arrivé et a foncé sur elle ! Tout de suite, ils se sont disputés à propos du chien. La fille ne voulait pas le lui donner, mais il lui disait qu'il devait l'emmener à la gare du *Luxembourg*. Finalement, il l'a bousculée et lui a dit de partir. Je n'étais pas loin, j'ai très bien entendu, il a dit : « Tu te tires, c'est un ordre ! » Je ne sais pas si elle avait peur de lui, mais elle est partie en courant. Tu aurais vu la scène, c'était super violent !

– La fille, elle n'a pas crié ? Autour d'eux, personne n'a réagi ?

– C'était l'heure de pointe où tout le monde se dépêche de prendre son métro. À part moi, je suis sûre que personne n'a rien remarqué. La fille a juste caché son accordéon dans son manteau, comme si elle avait peur qu'on le lui prenne, et puis elle a lâché le chien et elle a fait demi-tour. À voir sa tête, on comprenait qu'elle n'avait pas d'autre choix !

– Tu crois qu'ils t'ont vue les observer ? Parce que tu as peut-être été témoin d'un truc que tu ne devais pas voir !

– T'inquiète pas, j'ai fait très attention. Quand le type est parti, j'ai failli le suivre, mais je devais rejoindre ma mère à dix-huit heures, et tu la connais : avec elle, l'heure, c'est l'heure ! Par contre, j'avais bien l'intention de reprendre mon enquête aujourd'hui. Comme la seule piste que j'avais c'était le métro ou la gare, ce matin j'ai hésité entre *Louise* et *Luxembourg*, finalement j'ai choisi *Luxembourg* et là, bingo !

Pour se convaincre qu'il a bien entendu ce qu'il a entendu, Téo répète les mots de Hilke :

– *Avec elle, l'heure, c'est l'heure* ? C'est une blague ? Nous, on ne compte pas ? Les siamois et moi, on t'a envoyé des dizaines de messages ! On t'a téléphoné plein de fois ! Ce matin aussi ! Tu sais que, sans nouvelles de toi, nous on craignait que tu te sois fait enlever dans le métro ! On a eu peur qu'il te soit arrivé quelque chose de vraiment, vraiment grave !

– N'importe quoi ! sourit Hilke avec ironie.

Boris, qui n'a rien perdu de la conversation, insiste lui aussi :

– Si tu étais chez toi, pourquoi tu n'as pas répondu à nos messages ? ni à nos appels ?

– Parce que mon téléphone était HS et que je préférais... me débrouiller toute seule ! C'est pas ce que tu voulais? demande Hilke en défiant Téo du regard.

Piqué au vif, Téo veut lui répondre, mais la sonnerie annonçant la fermeture des portes couvre le son de sa voix. À ses côtés, Boris se secoue soudain, comme si un réveil venait de le sortir d'un profond sommeil, puis il bouscule Téo et Hilke et les pousse sur le quai.

– Ouf, juste à temps! souffle-t-il en désignant le guitariste qui se dirige vers la sortie.

Juste à temps pour eux, mais trop tard pour Betty et Lucas, dont Téo croise le regard effaré au moment où le métro redémarre. «Une catastrophe! Une catastrophe!» Pris de panique, Téo imagine son cousin définitivement perdu dans le métro. Comment expliquer cela à ses parents? S'il le pouvait, il s'engouffrerait dans le tunnel à la poursuite de la rame, mais Boris le retient. Son téléphone à la main, il parle très vite dans une langue incompréhensible pour Téo, qu'il rassure:

– C'est ma sœur, tout va bien...

Pour ajouter encore à la confusion, Hilke, qui s'était éloignée, revient vers eux en courant:

– Mais qu'est-ce que vous faites? Pourquoi vous ne bougez pas?

– Betty et mon cousin sont restés dans le métro! Mon cousin dont je suis responsable! Tu imagines la tête de mes parents s'ils l'apprennent? s'énerve Téo. Tu imagines?

Téo est furieux, Hilke se balance d'un pied sur l'autre. À côté d'eux, Boris parle toujours au téléphone, il intervient pour leur demander de crier moins fort:

– Arrêtez de hurler, j'entends plus rien! Ça va, tu peux respirer, dit-il en s'adressant à Téo. Ma sœur nous demande d'attendre ici le temps qu'ils descendent à la prochaine station et qu'ils fassent demi-tour. Avec elle, ton cousin est en sécurité!

Sautillant sur place en signe d'impatience, Hilke se tourne vers Téo et joint les mains devant elle pour être plus convaincante:

– S'il te plaît, pendant que Boris reste ici, viens avec moi à la surface. Juste pour voir par où part le guitariste. On monte et on redescend, ça ne va pas être long. Si ça se trouve, on sera même revenus avant Betty et Lucas! Mais il faut y aller maintenant, d'ailleurs, même si tu ne viens pas, moi j'y vais!

Conscient que Téo ne se décidera pas tout seul, Boris l'encourage :

– Hilke a raison : moi j'attends ici, alors va avec elle. Ce sera l'occasion de lui parler de « ça », dit-il en fourrant l'avis de recherche dans la poche de son ami.

Fort de cet encouragement, Téo court rejoindre Hilke qui est déjà au pied de l'escalier.

La sortie du métro les conduit sur une place bordée de petits immeubles.

L'un d'eux dénote dans l'alignement. Il est très délabré, certaines fenêtres sont recouvertes de papier ou d'affiches, et de nombreuses personnes sont massées sur le toit plat. À l'entrée de l'immeuble, une dizaine de musiciens sont assis sur les marches. Au milieu, Téo reconnaît le fameux guitariste qu'ils ont suivi depuis la gare du *Luxembourg*. Hilke fonce déjà dans cette direction :

– Viens, on y va !

Téo n'est pas prêt à la suivre. Prudent, il préfère observer les choses de loin :

– Attends, dit-il à son amie. L'immeuble ne va pas s'en aller et il faut que je te montre quelque chose. (Il sort l'affiche de l'avis de recherche.) Tu devrais d'abord regarder ça !

Hilke déplie la feuille et s'exclame :

– Incroyable !

Téo est content de son effet, d'autant que Hilke s'est immédiatement arrêtée.

– On est d'accord : c'est bien la fille que tu as vue dans le métro ?

– Oui, mais le plus incroyable, c'est ça ! (Hilke a le doigt posé sur le tee-shirt de la jeune fille sur la photo.) Tu vois ce dessin ?

Jusque-là, Téo n'avait pas fait attention à ce détail, mais Hilke ne s'intéresse visiblement qu'à cela :

– Regarde : un triangle entouré d'étoiles ! Peter a le même dessin tatoué sur son bras ! Ça ne peut pas être une coïncidence ! Tu crois qu'ils font partie d'une secte ? ou d'un gang ?

La question surprend tellement Téo qu'il ne trouve rien à dire, mais son silence passe inaperçu parce que, autour d'eux, il y a de plus en plus d'agitation. Plusieurs voisins se rassemblent sur la place pour se plaindre du bruit que font les musiciens. De son balcon, une femme crie même que c'est inadmissible et menace d'appeler la police. Téo se tourne vers Hilke :

– Viens, on va rejoindre les autres ! On leur racontera pour le dessin et moi je serai rassuré pour mon cousin. Parce que « ça », dit-il en montrant l'affiche, plus mon cousin, plus la police qui risque d'arriver, cela nous fait au moins trois bonnes raisons de ne pas traîner dans le coin !

Hilke jette un dernier regard vers l'immeuble, comme si elle voulait en mémoriser chaque détail, puis elle rejoint Téo, déjà en haut des marches menant à la station. Quatre à quatre, ils descendent et retrouvent Boris, surpris de les voir revenir aussi vite. Téo est prêt à lui donner des explications, mais un métro s'arrête à leur hauteur. Betty et Lucas en sortent en levant les bras au ciel en signe de victoire. Téo est heureux de voir que son cousin n'a pas l'air traumatisé :

– Waouh ! Betty, c'est la reine des correspondances !

Lucas fait des grimaces auxquelles Hilke reste insensible. Téo remarque que l'affiche est toujours pliée dans sa main. Pas difficile de savoir à quoi elle pense. Mis à part leur groupe, tous les passagers se dirigent vers les sorties. Dès qu'ils sont seuls, Boris veut savoir ce qu'ils ont vu en haut. Boris dit « en haut » en montrant le plafond de la station, comme si une fenêtre allait s'ouvrir ou un écran géant apparaître. Pour aller vite, Téo raconte l'aspect de l'immeuble, les musiciens, le bruit, les voisins. Une pile d'informations qui font tout de suite réagir Betty :

– *How*, une squat ! dit-elle sur le même ton que si elle répondait vite pour gagner un concours.

– *Un* squat, corrige Téo. Mais le plus important, c'est que Hilke a peut-être trouvé un indice sur l'avis de disparition de Kenza Koch. Il y a un dessin sur son tee-shirt et elle a vu le même tatoué sur le bras de Peter, comme s'ils faisaient partie d'un même...

Téo n'a pas le temps d'aller plus loin, Lucas l'interrompt :

– ... Comme la mafia ? Avec un copain, on a regardé un film japonais où les membres d'une société secrète étaient tous tatoués. Il y en avait même qui se coupaient le petit doigt !

– Mais ici, on n'est pas dans un film japonais, lui rappelle Hilke. Moi, je pense qu'on ne risque rien et qu'on devrait aller voir, dit-elle en montrant à son tour le plafond.

La suggestion ne plaît pas à Téo (cela se voit sur son visage), mais Boris lève le bras en signe d'arbitrage :

– Moi je connais le quartier ! Sur la place, il y a un bus qui nous ramènera direct à la maison. Parce que Betty et moi, on doit absolument partir, sinon je vais être encore en retard à mon entraînement de hockey. Mais t'inquiète, Hilke, le temps d'attendre le bus, on pourra regarder ce qui se passe *là-haut*... (Imitant les autres, Boris désigne encore le plafond.) Pour la suite, je vous envoie un message quand on sera rentrés.

Le rappel de l'heure met tout le monde d'accord. Hilke se joint aux siamois. Téo et Lucas, eux, restent dans le métro. Avant de s'éloigner, Boris promet encore à Téo de lui envoyer un message dans la soirée. La séparation se fait sans grande cérémonie, ce que remarque Lucas :

– Oups, on dirait qu'il y a de l'orage dans l'air, glisse-t-il à son cousin.

Téo fait un petit mouvement d'épaule qui ne veut rien dire, mais Lucas préfère changer de sujet :

– Tu savais que, en plus du suédois et du français, Betty parle couramment anglais ?

Pour faire bonne mesure, Téo hoche la tête, mais il a du mal à s'intéresser aux compétences linguistiques des siamois. Bercé par le bavardage de Lucas, il pense surtout à Hilke qu'il sent prête à prendre tous les risques. « Seulement à cause d'un chien et d'un mystérieux dessin ? »

Finalement, c'est seulement en arrivant à la station *Montgomery/Montgomery* qu'une question de Lucas fait réagir Téo :

– Sinon, pour le Manneken-Pis, tu m'expliques ?

Profitant des cent mètres qu'il leur reste, Téo décrit vite fait la petite statue qui fait pipi et qu'admirent les touristes venant à Bruxelles. Cela devrait suffire.

6

Samedi soir. Dimanche matin

Même en piquant un sprint, Téo et Lucas arrivent avec quarante minutes de retard. Téo s'attend au pire, mais il est sauvé par sa sœur Lucie, revenue de son tournoi de tennis avec une coupe en argent ! À la maison, les parents ne parlent que de ça :

– Tu te rends compte? Tu réalises? Quel exploit!

La mère de Téo brandit la coupe comme si c'était la sienne.

Fière de sa victoire, Lucie ne cesse de rejouer sur le tapis du salon tous les coups qui lui ont permis de gagner 6-4, 6-4 contre une fille du club plus âgée qu'elle. Trop content que personne ne pense à lui reprocher son retard, Téo applaudit en écoutant sa sœur commenter ses *remontées au filet de folie* ou ses *revers de malade*. Autant d'acrobaties que Téo trouve pourtant moins passionnantes que leurs aventures de l'après-midi, mais il ne peut pas en parler. Par contre, Lucas semble impressionné par la victoire de sa cousine-championne.

Championne, un mot dont Lucie apprécie chaque syllabe.

Plus tard, profitant de l'arrivée de voisins à qui les parents font à nouveau le récit du match de leur fille, Téo s'échappe pour répondre à l'appel de Boris qui a des tonnes d'informations à lui transmettre. Certaines sont particulièrement étonnantes et Téo aimerait les partager avec Lucas, mais son cousin préfère la compagnie de Lucie et de ses amis venus la féliciter. Après le repas, Lucas continue à faire la fête avec eux. «Tant pis», pense Téo, finalement content de pouvoir réfléchir tout seul à ce qu'ils viennent de vivre et à l'attitude de Hilke, qu'il sent de plus en plus lointaine.

Allongé sur son lit, Téo entend les rires de sa sœur et de ses amis, mais cela ne lui donne pas envie de les rejoindre. À la place, il jongle avec des questions sans réponse: «Qu'est-ce que je dois faire? Suivre Hilke? La retenir par les épaules, comme tout à l'heure dans le métro? Est-ce que Hilke est plus qu'une meilleure amie?» Téo ne sait vraiment pas quoi penser de tout cela, mais une chose est sûre: «Je déteste les guitaristes et leur chien! Je déteste les guitaristes et leur chien!» Téo répète cette phrase à voix basse une centaine de fois. À la cent unième, il reconnaît que ce qu'il déteste surtout, c'est l'idée de perdre cette amitié spéciale qu'il partage avec Hilke. Quand il y pense, Téo sent même des picotements sous ses paupières, alors il ferme les yeux et se concentre sur autre chose pour s'endormir.

Huit heures plus tard, quand Téo se réveille, il comprend que Lucas est déjà levé (il ne l'a même pas entendu se coucher!). Un brouhaha de voix s'élève de la cuisine. Apparemment, pour une fois, il sera le dernier à s'asseoir à la table du petit-déjeuner!

Téo se dépêche de s'habiller pour oublier ce qui lui donnait le cafard la veille. Il se promet aussi de parler à son cousin dès qu'ils en auront l'occasion. Cela l'aidera sûrement à y voir clair, mais, pour commencer, il rejoint la cuisine et se sert un bol de céréales. Affamé, il s'en prépare un deuxième, quand son père se tourne vers Lucas et pose LA question qu'il ne fallait pas poser :

– Alors, cette balade en ville ? Comme as-tu trouvé notre Manneken-Pis national ?

La bouche pleine, Lucas se contente de lever le pouce, mais son oncle insiste :

– Hein, tu l'as trouvé comment ?

– Ben... tout nu, tout petit, avec des touristes devant, récite Lucas en reprenant les trois éléments que Téo lui avait donnés.

– Oui, mais... ?

Le père de Téo agite les bras et les mains comme s'il faisait du karaté avec les bouteilles de lait et de jus qui sont sur la table. Constatant l'absence de réaction de Lucas, le père se fait encore plus insistant :

– Alors ? Vraiment, tu n'as rien remarqué ?

– *Gari-gari*, se hasarde Lucas en jetant des regards désespérés à Téo.

– *Gari-gari* ? répète le père avec un air ahuri.

Autour de la table, tous les regards se tournent vers Lucas. Sentant la nécessité urgente d'une diversion, Téo exagère un éclat de rire et fait lui aussi des mouvements avec ses bras en criant :

– *Gari-gari* ! *Gari-gari* ! Hier, on a croisé Hilke et elle nous a mimé sa prise de judo préférée : *gari-gari*... On a rigolé avec ça tout l'après-midi !

À son tour, Lucie coupe l'air avec le plat de sa main en poussant de sonores : « *Gari-gari, gari-gari* ! » Suit un fou rire général, que Lucie interrompt en pointant un doigt vers l'horloge :

– C'est bientôt l'heure de la reprise du tournoi de tennis et j'ai bien l'intention d'y assister. Avec ceux qui veulent, mais sans tarder pour ne pas rater le début.

Lucie regarde son frère et Lucas avec insistance, puis s'adresse directement à son cousin :

– Toujours d'accord pour m'accompagner ?

– Toujours d'accord, répond Lucas.

Avant que les uns et les autres disparaissent dans la maison, le père de Téo réclame quelques secondes d'attention pour justifier ses gesticulations :

– Hier, le Manneken-Pis était habillé en sumo ! Il a reçu ce costume d'un champion venu du Japon !

– ... Pour être honnête, avoue Téo, il y avait tellement de touristes qu'on a passé notre tour. Mais avec toutes les répliques dans les vitrines des magasins autour, c'est comme si on l'avait vu. Pas vrai, Lucas ?

– Oui, sauf que, du coup, nous on l'a vu tout nu, conclut Lucas, soulagé de ce sauvetage express.

Terminant son café, la mère de Téo s'énerve toute seule :

– Un joueur de sumo en plein carnaval ! Avouez que c'est ridicule ! Ils auraient pu l'habiller en Gilles de Binche comme les autres années !

Le père sourit et pose sa main sur le bras de sa femme :

– À mon avis, ils le feront demain ou après-demain. Si tu veux, on ira vérifier.

Se tournant vers Lucas, il prend le temps de lui donner quelques explications :

– À Binche, il y a le plus grand carnaval de Belgique ! C'est la ville des Gilles, tu vois ce que c'est? Ces gros bonshommes coiffés d'un chapeau en plumes d'autruche. Le mardi gras, ils défilent dans les rues en lançant des oranges et en martelant le sol avec leurs sabots. Ils sont très célèbres ! Les gens viennent de partout pour les voir. Le jour de leur sortie, il y a un monde fou. Une année, on a même failli perdre Lucie !

– Le rêve de Lucas ! lance Lucie en chahutant son frère.

Maintenant que tout danger est écarté, Téo et Lucas sortent de la cuisine, et Téo fait signe à son cousin de le suivre dans sa chambre :

– Tu vas vraiment aller au tennis avec ma sœur?

– Oui, hier, je lui ai promis...

– Bon, ben si t'as promis, constate Téo, un peu vexé. Moi je croyais que tu avais envie de savoir ce que Boris a découvert.

– Bien sûr que ça m'intéresse ! Hier, comme tu restais dans ta chambre, j'ai bien compris qu'il se passait encore quelque chose...

– Tu te poses des questions, mais tu préfères aller au tournoi de tennis? Tu fais comme tu veux, mais moi il faut juste que je sache si tu es de notre côté, ou si ça te fait peur.

Surpris, Téo voit Lucas serrer les poings avant de lui répondre :

– Parce que tu crois que ça me fait peur? T'es comme mes parents? Tu crois que je suis un trouillard?

– Mais... balbutie Téo, mal à l'aise face à la colère de son cousin.

– Pour info : j'ai des yeux et des oreilles ! Pendant qu'on attendait les frites, j'ai bien entendu ce que ton père disait ! Soi-disant que j'aurais *peur* de déménager à Nice ou *peur* de changer mes habitudes. La vérité, c'est que je n'ai pas *envie* de quitter Carpentras et mes copains, mais ça, mes parents ne veulent pas l'entendre ! Tu comprends la différence? Cela ne me fait pas *PEUR*, je n'ai pas *ENVIE*!

– OK, OK, s'excuse Téo. C'est juste que, après le coup du métro qui a démarré sans nous, ce serait normal si...

– *How, t'inquiète*, le rassure Lucas en imitant l'accent de Betty. Avec une moitié de siamois, je ne risquais pas grand-chose ! Par contre, pour le Manneken-Pis, on l'a échappé belle ! Allez, raconte !

Téo est heureux et soulagé de voir son cousin changer d'humeur aussi vite.

Finalement, ces vacances de carnaval ne seront peut-être pas les pires de sa vie !

Assis sur son lit et Lucas sur le bord du bureau, Téo résume la situation :

– Boris a fait des recherches : l'immeuble qu'on a vu hier avec Hilke, celui qui ressemblait à un squat, est en fait une ancienne maison de retraite. Le bâtiment doit être démoli mais, en attendant les travaux, les propriétaires ont autorisé une *occupation précaire*. Tu vois ce que c'est ?

– Pas du tout, répond Lucas qui, discrètement, fouille en même temps dans son sac, à la recherche de la meilleure tenue pour accompagner une championne à un tournoi de tennis.

– Une *occupation précaire*, c'est quand des propriétaires autorisent des gens à occuper des bâtiments qui doivent être rénovés ou démolis.

Ce n'est pas un squat parce que les habitants ont le droit de vivre dans le bâtiment, mais ils doivent partir dès que les travaux commencent. Pour l'ancienne maison de retraite, c'est comme ça. Cela fait des années qu'elle doit être démolie mais, en attendant, il y a des gens qui l'habitent. Au début, c'était surtout des étudiants d'une école d'art toute proche, mais aujourd'hui, c'est plus mélangé, et la police est souvent appelée par les voisins.

– Tu crois que ce serait un repaire de criminels ou de la mafia?

– On ne sait pas. Par contre, quand ils attendaient le bus, Hilke et les siamois ont vu une affiche annonçant une exposition de peinture dans le bâtiment. Ça commence aujourd'hui, et Hilke insiste pour y aller.

– Toute seule? s'inquiète Lucas.

– Non, non. Boris va l'accompagner et je me disais que nous... ou juste moi...

– Waouh! Vous êtes complètement dingues, dit Lucas en faisant des moulinets avec son doigt à hauteur de sa tempe.

– Betty pense la même chose, d'ailleurs elle a dit qu'elle ne viendrait pas. Avec Boris, l'idée, c'est d'aller voir en restant prudents. Si c'est une exposition, c'est ouvert à tout le monde, non?

– Sûrement, mais moi je suis bien content d'avoir promis à Lucie de l'accompagner à son tournoi de tennis! Betty a raison: ça peut être dangereux! Si ça se trouve, vous allez tomber sur des voleurs ou sur des psychopathes!

Au fond de lui, Téo pense un peu comme Betty et Lucas, mais il sait aussi qu'il ne fera pas demi-tour. Il est trop tard de toute façon: c'est l'heure du départ pour le tennis, et sa mère veut savoir s'il les accompagne ou pas:

– Il faut te décider, lui dit-elle.

– Impossible, lui répond Téo. Boris veut que je lui rende un jeu qu'il m'a prêté, alors je vais faire un aller-retour jusqu'à chez lui.

– Boris, toujours Boris! Bon, c'est d'accord, mais tu t'arranges pour nous rejoindre au marché aux puces ce midi. Ton père a réservé une table dans un restaurant à côté. Tu as entendu? Je compte sur toi pour être à l'heure! Rendez-vous à douze heures trente devant l'église. À douze heures trente précises!

– Oui, oui, j'y serai sans problème, la rassure Téo.

Voilà, les dés sont jetés.

7

Dimanche midi

La place est couverte de tables débordant d'objets en tout genre. Partout, des armoires, des fauteuils, des salles à manger entières, au milieu desquels petits et grands circulent à une allure d'escargot. À chaque pas, les uns ou les autres s'arrêtent pour demander le prix d'une radio sans pile ou pour s'admirer dans un miroir de château hanté. Très content de lui, le père de Téo négocie le prix d'une monture de lunettes (sans verres), dont il pense qu'elle lui donne l'allure d'une vedette de cinéma.

– Tu ne trouves pas? demande-t-il à sa femme, alors que le marchand tend déjà la main pour encaisser le prix de la transaction.

À quelques mètres, Lucie essaie des chapeaux récupérés dans les coulisses d'un théâtre. Son préféré est rose avec des plumes et des dentelles, elle le met et prend des poses comme si elle était sur scène. Ceci dit, elle n'imagine quand même pas se promener dans la rue avec un chapeau comme ça :

– Ici c'est rigolo, dit-elle à Lucas en faisant un geste large autour d'elle. On se demande à qui ont appartenu ces tenues, ces meubles, tous ces objets.

– Oui, on se demande.

La réponse de Lucas manque de conviction, mais cela ne gêne pas Lucie qui fouille maintenant dans une caisse de vieilles photos. Au lieu de s'agenouiller à ses côtés, Lucas ne quitte pas des yeux l'église de l'autre côté de la place. C'est là qu'ils ont rendez-vous avec Téo, et Lucas aimerait bien le voir apparaître. Ce matin, pendant le trajet vers le tournoi de tennis, pendant les matchs, même pendant qu'il bavardait avec Lucie et ses amis, Lucas imaginait son cousin s'approcher de cet immeuble où des trafiquants et des fous avaient peut-être leurs quartiers. Toutes sortes de scénarios se fabriquaient dans sa tête : Boris, Hilke et Téo en danger. Ou retenus en otage. Ou menacés et torturés ! À l'image des films catastrophes, ses préférés, Lucas se demandait s'ils pourront s'en sortir tout seuls ou s'ils attendent que quelqu'un donne l'alerte. Qui ?

À quelques mètres de Lucie qui déchiffre les messages écrits au dos de cartes postales en noir et blanc, Lucas essaie de ne pas s'angoisser mais, pour le rassurer tout à fait, il faudrait que Téo surgisse devant l'église dont l'entrée est surmontée d'une immense horloge. Lucas suit l'avancée des aiguilles centimètre par centimètre. À 12.20, Téo n'est toujours pas là. Pas là non plus à 12.22, 12.25, 12.27, 12.28 ni à 12.30. À 12.35, Lucas est témoin de l'impatience de la mère de Téo qui, elle aussi, lève les yeux vers l'horloge :

– Tu as vu l'heure ? Pourtant, il avait promis ! Alors, appelle-le, si c'est moi, je vais m'énerver, je me connais, dit-elle à son mari.

– Tu as raison, il exagère ! Je viens de faire son numéro, mais il ne répond pas. Je propose qu'on attende encore cinq minutes, s'il n'est pas là, on part manger sans lui. Au moins, il s'en souviendra...

Lucas sent sa gorge se serrer de plus en plus. Comme il est le seul à savoir où est vraiment son cousin, il hésite à dire la vérité. Si Téo est en danger, peut-être que prévenir ses parents lui sauvera la vie... Mais si Téo est juste en retard, parler serait une sorte de trahison ! Personnellement, Lucas détesterait que quelqu'un dévoile ses secrets. Surtout à ses parents ! « N'empêche que si Téo est en danger... »

Petit à petit, Lucas se rapproche de Lucie. Il se demande s'il ne pourrait pas se confier à elle et si elle l'aiderait à prendre une décision. Après avoir pesé le pour et le contre, conscient des risques qu'il prend, Lucas s'apprête à lui parler, quand il entend un bruyant « Ah, quand même ! », poussé par la mère de Téo.

Lucas se retourne et voit enfin son cousin. Il est un peu essoufflé :

– Pardon, pardon, dit-il à ses parents, j'ai voulu vous envoyer un message quand j'étais dans le métro, mais ça ne passait pas...

– Comme par hasard, lui répond sa mère sur un ton qui prouve qu'elle n'est pas dupe. En plus, tu as vu ta tenue ! Bon, on en reparlera à la maison, là on doit aller au restaurant, sinon on n'aura plus de table.

La famille se met en marche. Maintenant que son cousin est devant lui sain et sauf, Lucas aimerait lui poser mille questions, mais le père de Téo s'interpose et lui donne toutes sortes d'informations touristiques que Lucas est bien obligé d'écouter :

– On va aller manger rue Blaes. *Blaes*, ça se prononce *Blaze*. Ici, on est au cœur des « Marolles », c'est le quartier le plus populaire de Bruxelles. Je ne sais pas si je te l'ai dit tout à l'heure, mais la place du marché aux puces derrière nous s'appelle la place du Jeu-de-Balle parce que, avant, on y jouait à un jeu qui ressemble à la pelote. Plus haut, c'est le palais de justice, il a été construit un peu avant la tour Eiffel. Si on a le temps, on visitera l'intérieur, c'est gigantesque ! Plus vaste que Notre-Dame de Paris, que la basilique de Rome ou que le Taj Mahal en Inde ! C'est le palais de justice le plus grand du monde, tu te rends compte ? À l'époque, les autorités de la ville ont choisi de le faire construire sur cette colline pour faire peur aux pauvres qui vivaient dans les environs.

Tout en marchant et en suivant le doigt du père de Téo qui lui désigne des bâtiments à gauche et à droite, Lucas se contente de quelques « oui, oui », parce qu'il est surtout très impatient que Téo lui raconte son aventure. « Pourquoi son tee-shirt est déchiré sur le côté ? Pourquoi il y a de la peinture devant ? Qu'est-ce qu'ils ont vu ? Qu'est-ce qu'ils ont appris ? » Mais impossible d'en parler tant qu'ils sont tous ensemble. Une fois assis à la table du restaurant, la mère de Téo suggère à Lucas de manger des *caricoles* :

– C'est typique de Bruxelles ! Ce sont des escargots cuits dans un bouillon, c'est délicieux !

Sans être comédien, Lucas n'a aucun mal à exprimer d'une grimace ce qu'il pense de la proposition. Il préfère faire confiance à Lucie et choisir, comme elle, des *oiseaux sans tête*. Une appellation un peu mystérieuse pour désigner des boulettes de viande enroulées dans une tranche de lard. Parfait.

Pendant le repas, le tournoi de tennis matinal est au cœur des conversations. La mère de Lucie demande à Lucas ce qu'il pense des adversaires de sa fille :

– Parce que gagner un match, c'est encourageant, mais... Tu sais que la Belgique a eu deux championnes qui ont été au top mondial ?

– ... Mais je ne serai pas la troisième ! Si c'était mon objectif, je ne mangerais pas ce genre de chose, s'amuse Lucie en montrant la poignée de cacahuètes au creux de sa main.

Le geste de Lucie fait diversion et permet à Lucas de ne pas donner son avis sur la qualité des matchs de la matinée qu'il n'a regardés que d'un œil. Très concentrés, Lucie et ses amis commentaient tous les échanges, ce qui ne l'avait pas vraiment passionné. À la longue, il s'était même ennuyé, parce que son truc à lui, c'est plutôt le basket. Sur ce sport, il aurait mille choses à dire, sauf qu'autour de la table l'emploi du temps de l'après-midi a déjà remplacé l'actualité sportive :

– Moi je comptais aller à la piscine avec Bérangère et son frère. Si ça vous dit..., propose Lucie en regardant les garçons au bout de la table.

La réponse de son frère est catégorique :

– Impossible ! C'est *Wafel's party* chez Hilke, elle nous a invités, Lucas et moi. *Wafel*, c'est le mot flamand pour dire *gaufre*, précise-t-il à l'intention de Lucas. Hilke m'en a parlé hier, je me suis dit que cela ferait une sortie très « typique ». Vous connaissez la mère de Hilke..., ajoute Téo avec un air de connivence destiné à ses parents.

– Bon, je constate que le programme est déjà bouclé, se désole le père de Téo. Moi qui voulais vous proposer une visite de l'Atomium...

– L'Atomium un dimanche ! réagit sa femme. Avec les vacances, cela risque de se bousculer. À mon avis, ce serait plutôt une activité pour les garçons cette semaine.

– Oh oui, formidable ! applaudit Téo en exagérant son enthousiasme. Sinon, pour les gaufres de Hilke ? S'il vous plaît, s'il vous plaît, insiste Téo en prenant un air d'enfant modèle pour faire oublier son retard et l'état de son tee-shirt.

Sans un mot, les parents de Téo se regardent, font des petits mouvements d'épaules et semblent se mettre d'accord. Le verdict tombe dans la foulée :

– À condition que cela plaise à Lucas, dit le père. Et que, cette fois, tu respectes l'heure du retour, précise-t-il *in extremis*.

Avant de répondre, Téo se tourne vers Lucas qui hoche la tête en signe d'approbation. Pour achever de convaincre ses parents, Téo promet :

– Cette fois, vous pouvez compter sur moi : on sera rentrés pour le repas. Au plus tard ! Ou à l'heure que vous direz !

Suit une discussion pour savoir qui peut partir directement et qui doit repasser à la maison avant la suite.

– Lucie pour ses affaires de piscine, mais toi aussi, insiste la mère de Téo en désignant son fils. Hors de question que tu débarques chez Hilke habillé comme un clochard.

– Ou alors tu t'achètes une veste de chevalier pour aller avec ta princesse, le taquine sa sœur.

La remarque fait bondir Téo qui pince le bras de Lucie.

– Vous avez fini ! intervient le père.

– Rien à voir avec des histoires de princesse, se radoucit Téo en bousculant une dernière fois sa sœur, mais s'il y a vraiment un costume de chevalier, cela pourrait m'intéresser. Ou Lucas, s'empresse-t-il d'ajouter. Ce matin, quand j'ai vu Boris, il m'a dit qu'il organisait une soirée déguisée demain pour le carnaval. Je voulais vous en parler ce soir, parce que, avec les gaufres de Hilke, ça fait beaucoup de sorties, mais c'est les vacances, il faut en profiter...

Téo fait encore un geste vers sa sœur, comme si elle était responsable de quelque chose. À ses côtés, Lucas ne sait pas ce qu'il doit penser de la proposition et des coups d'œil complices que son cousin ne cesse de lui lancer. Pris de court, il se contente de rebondir :

– Une soirée déguisée ? Super ! Moi en Dark Vador, toi en OSS 117 ?

– Quand j'étais plus jeune, j'adorais me déguiser ! s'amuse le père de Téo. Nous, on le faisait aussi le lundi, la veille du mardi gras. Chez Boris et Betty, vous allez peut-être découvrir des traditions suédoises qu'on ne connaît pas ici. Si vous voulez, en retournant vers la voiture, on peut repasser aux Puces pour vous trouver quelque chose. Tout à l'heure, Lucie, je ne t'ai pas vue essayer de drôles de chapeaux?

Chacun y va de sa suggestion de personnage et, pour se réconcilier avec son frère, Lucie propose de jouer les costumières. Alors qu'ils sortent du restaurant pour repartir vers le marché, Lucas se rapproche de Téo pour lui demander:

– On va vraiment se déguiser?

– Oui, sauf qu'on n'ira pas chez Boris, mais t'inquiète, je t'expliquerai, chuchote Téo.

Téo n'a pas le temps d'en dire plus car ils sont déjà de retour devant l'amoncellement de chapeaux et de vêtements de théâtre. Sous le regard amusé de ses parents, Lucie prend les choses en main.

8

Dimanche 14 heures

Autour d'eux, la plupart des commerçants rangent leur marchandise, mais Lucie fait encore des trouvailles au fond des deux caisses ouvertes devant elle. Sous l'œil de ses parents, elle conseille son frère et son cousin qu'elle transforme en magicien ou en militaire. S'efforçant de masquer son impatience, à chaque essayage, le vendeur redouble de cris de joie dans l'espoir de voir le petit groupe concrétiser ses achats de dernière minute :

– Très joli, très joli ! approuve-t-il en levant les bras quand Lucas parade avec un casque de Gaulois sur la tête. Magnifique! Maaa-Gniii-Fiiique, exagère-t-il quand Téo remonte les manches d'un blouson beaucoup trop grand pour lui.

Après avoir vu les deux cousins défiler une dernière fois sur les pavés, les parents de Téo précipitent la fin du spectacle. Finalement, ce sera une veste de pirate pour Lucas et une casquette d'aviateur pour Téo. Pour compléter leurs tenues, le père de Téo ajoute qu'ils pourront puiser dans le sac de vêtements qui est dans le garage:

– Cela fait un mois que je dois le porter à la déchetterie, cela peut bien attendre quelques jours encore, dit-il avec un sourire pour sa femme qui lève les yeux au ciel.

Sur le chemin vers la voiture, Lucas se rapproche de Téo pour avoir des informations:

– C'est quoi, l'histoire? C'est dangereux? l'interroge-t-il entre ses dents.

Par gestes et grimaces, Téo l'invite à la prudence:

– Pas ici! On va se faire repérer!

Justement, Lucie les rejoint et se glisse entre son frère et son cousin:

– Qu'est-ce que vous complotez?

– Un avis d'experte, lui répond son frère, provocateur. La comploteuse, c'est plutôt toi d'habitude... Nous, on discute de la soirée chez Boris ! Merci de nous avoir aidés, concède-t-il pour détendre l'atmosphère.

– Facile ! Moi, j'adore la mode ! Peut-être qu'un jour je serai styliste, confie-t-elle à son cousin. Peut-être que je dessinerai des robes pour des mannequins ou pour des stars de cinéma...

– L'ambition de ma sœur est sans limites, se moque Téo.

– Parce que moi, je n'ai que des rêves en grand ! Pas toi ? demande-t-elle à son cousin.

Un peu en retrait, Lucas fait semblant de ne pas avoir entendu, parce qu'il n'a jamais pensé à mesurer ses rêves. Petits, moyens, grands ? Ce qui est sûr, c'est qu'il envie l'assurance de sa cousine. Lui aussi aimerait pouvoir dire que ses rêves sont de taille XXL et qu'un jour il sera basketteur aux États-Unis, architecte à Paris ou pilote d'avion. Avant cela, Lucas aimerait surtout connaître les projets de Téo et être certain que son cousin ne risque pas de le perdre dans un bâtiment abandonné ou dans le métro. Cette ville ne lui est pas familière, et Lucas n'aimerait pas être ridicule devant Betty, Hilke ou Boris. Et puis, sur la liste de ses envies, tout en haut même, Lucas aimerait aussi avoir des nouvelles de ses parents et savoir s'ils ont pris une décision. «Où vivrons-nous l'année prochaine? Nice? Carpentras? Est-ce que je devrai quitter ma chambre, mes amis?» Ne pas savoir est la pire des situations.

Une fois à la maison, c'est d'ailleurs la première chose qu'il dit à son cousin quand ils montent dans la chambre de Téo pour qu'il se change en vitesse avant de partir chez Hilke:

– Ce matin, j'ai regretté de ne pas être venu avec toi! Parce que moi, quand je ne vois pas ce qui se passe, j'imagine toujours des catastrophes. Alors j'ai vraiment eu peur qu'il vous soit arrivé quelque chose! Raconte!

La tête dans un tee-shirt propre, Téo s'apprête à lui répondre, quand un appel de sa mère leur parvient du rez-de-chaussée:

– Lucas? Téo? On y va!

– OK, OK, répond Téo en s'avançant vers l'escalier.

– Attends, le retient Lucas, tu me dis d'abord !

– Pas le temps, mais les autres viennent aussi chez Hilke. Sa mère n'est pas là, on pourra discuter. Tu verras, ce matin, on a aussi bien rigolé...

Les deux garçons sont maintenant dans le couloir. La porte d'entrée est ouverte, les portières de la voiture aussi. Le moteur tourne déjà, ils s'installent de part et d'autre de Lucie qui râle parce qu'elle a moins de place et qu'elle est au milieu.

– Ceux qui se plaignent du confort prendront le bus ! disent les parents d'une seule voix.

La remarque met tout le monde d'accord.

La suite du voyage est très rapide. Lucie descend la première devant la piscine, puis la mère de Téo demande à son fils de la guider dans les rues du quartier de Hilke qu'elle ne connaît pas bien.

– C'est joli, constate le père en regardant les petites maisons entourées de jardins.

Téo précise que Hilke habite plus loin, dans un des immeubles qui bordent le quartier.

– La mère de Hilke est infirmière, c'est ça ? demande le père.

– Elle travaille la nuit en cardiologie à l'hôpital des enfants, le reprend la mère de Téo. Hilke nous l'avait expliqué quand elle était venue. Tu ne te souviens plus ?

– C'est parce que j'ai trop de choses dans la tête, se justifie son mari en souriant. Par exemple, là je suis dans la voiture, mais mon esprit est aussi devant ma palette de couleurs, pour trouver le bleu que je cherche pour le projet d'impression que je dois rendre la semaine prochaine.

« Moi je suis dans la voiture, mais mon esprit est déjà dans l'appartement de Hilke », pense Téo en écoutant son père décrire son travail à Lucas :

– Graphiste chez un imprimeur de revues artistiques, si tu veux...

Téo l'interrompt en montrant l'entrée d'un parking :

– Vous pouvez nous déposer ici. C'est un raccourci, je connais le chemin.

La voiture se range le long du trottoir et les deux cousins descendent après avoir promis d'être attentifs à l'heure.

– ... Et tu feras une *kusje* pour moi à la maman de Hilke, lance la mère de Téo avant de démarrer.

– Qu'est-ce qu'elle a dit? demande Lucas en marchant vite pour rester à la hauteur de son cousin.

– Laisse tomber, commente Téo. La mère de Hilke est flamande, alors la mienne est toujours très fière d'utiliser les mots de flamand qu'elle connaît. *Kusje*, cela veut dire une petite bise, un petit bonjour, quoi.

Cette fois, Lucas n'essaie même pas de retenir le mot, trop pressé de savoir enfin ce que Téo, Boris et Hilke ont découvert. Son cousin ne le fait pas attendre:

– Hilke avait raison: ce matin, il y avait bien une exposition de peintures dans le bâtiment.

– Le bâtiment, c'est l'ancienne maison de retraite? Celle devant laquelle vous avez vu les musiciens hier? On est d'accord? interroge Lucas pour être sûr de bien suivre.

– Oui, celui-là. Celui de l'occupation précaire. Apparemment, il y a régulièrement des expositions. C'est dingue parce que...

– Bon alors? Vous avez retrouvé Magik, le chien de Peter? la fille à l'accordéon? le guitariste qu'on a suivi hier? le dessin? s'impatiente Lucas.

– Attends, pour une fois que je peux faire durer le suspense, j'en profite, s'amuse Téo. Si tu veux tout comprendre, c'est mieux d'y aller dans l'ordre. Au départ, tout s'est bien passé, les portes du bâtiment étaient grandes ouvertes. Sur le trottoir, il y avait même des gens qui distribuaient des papiers et proposaient du café en invitant les passants à visiter l'exposition. Alors on est entrés sans problème...

– Trop facile, constate Lucas en repensant aux horribles scénarios qu'il avait imaginés : son cousin kidnappé, torturé, enfermé dans une malle pleine de serpents...

– *Trop facile* au début, lui répond Téo, mais tu vas voir : ça se complique après. Une fois à l'intérieur, on a constaté que l'exposition n'était pas tout à fait installée. C'était même un peu le bazar dans les couloirs. Il y avait des tableaux par terre et, dans l'escalier, deux filles essayaient d'accrocher un grand tissu pour cacher un mur tout délabré. Comme on était là, on a proposé de donner un coup de main, c'est pour ça que mon tee-shirt était un peu...

– Personne ne vous a demandé pourquoi vous étiez là ?

– Une des filles oui, mais Hilke lui a répondu qu'elle connaissait le « guitariste avec le chien ». Cela n'a pas été plus loin, parce que ces filles voulaient surtout qu'on les aide à accrocher leur tissu. Ce qu'on a finalement réussi à faire. Après, elles nous ont offert un croissant et nous ont invités à la soirée déguisée qu'elles organisent pour le carnaval dans la maison demain soir...

Lucas et Téo sont maintenant dans le hall de l'immeuble de Hilke. Comme s'il était frappé par la foudre, Lucas s'arrête net devant les boîtes aux lettres :

– Tu veux dire que la soirée chez Boris dont tu parles depuis tout à l'heure, c'est une soirée dans ce bâtiment ! C'est là-bas que tu veux qu'on aille ! Sans le dire à tes parents ! T'es malade ?

– Oui, enfin non, s'emmêle Téo. Tu vas comprendre, je t'expliquerai mieux quand on sera en haut.

9

Dimanche 16 heures

L'appartement de Hilke ressemble à un immense couloir. À un bout, il y a la cuisine et la salle à manger donnant sur une première terrasse, à l'autre bout une salle de bains et trois chambres, dont la plus grande s'ouvre sur une autre terrasse. Entre les deux, une pièce très large sert à la fois de salon et de bureau. Derrière un paravent, Hilke désigne trois gros ballons posés sur un épais tapis blanc :

– Ça, c'est le coin yoga de ma mère, dit-elle en terminant la visite proposée à Lucas.

Après avoir fait le tour de l'appartement, Hilke et Lucas retrouvent les autres dans la cuisine devant une impressionnante pile de gaufres. Assise à côté de son frère, Betty reprend la question qu'elle posait à Hilke avant l'arrivée des cousins :

– Tu disais : « Je l'ai vue en haut des escaliers », mais tu as vu qui ?

Hilke fait un petit retour en arrière pour Lucas :

– Quand on était dans le bâtiment, pendant que les garçons accrochaient le tissu dans l'escalier, moi je suis montée dans les étages. Pour vous faire une idée du décor : au rez-de-chaussée, il y a une salle avec plein de fauteuils (Hilke pointe le doigt à gauche et à droite comme si les fauteuils étaient autour d'eux). Plus loin, il y a aussi des tables, comme dans un restaurant. Pour l'exposition, c'est là que la plupart des tableaux sont accrochés.

– Moche, moche, moche, intervient Boris.

– Qu'est-ce qui est moche ? l'interroge sa sœur.

– Les tableaux ! Certains, ce sont juste des taches ou des lignes. Moi j'ai trouvé ça super moche, insiste Boris en regardant Hilke et Téo. Pas vous ?

Les deux amis sont surpris par la question mais ils n'ont pas le temps d'y répondre, car Betty se penche vers son frère et lui parle sévèrement en suédois. Elle traduit partiellement pour les autres :

– Les tableaux, on s'en fiche !

Betty lève la main vers son frère pour montrer qu'elle ne rigole pas, puis elle fait signe à Hilke de continuer.

– ... Donc, pendant qu'ils accrochaient le tissu, moi j'ai poursuivi l'exploration du bâtiment. En tout, il y a quatre étages, avec chaque fois un long couloir et plein de portes. C'est clair qu'avant c'était une maison de retraite. On dirait presque un hôtel...

Boris ouvre la bouche pour faire un commentaire, mais sa sœur le fusille du regard. Pris par l'histoire, Lucas aimerait que Hilke aille plus vite, il lui fait même signe d'accélérer, mais ça ne change rien :

– Quand je suis arrivée au troisième, j'ai croisé deux garçons qui m'ont dit que l'étage au-dessus était réservé aux habitants. Plus haut, on a directement accès au toit plat, alors pour éviter les accidents, aucun visiteur n'a le droit d'y aller. Ils ont bien insisté, j'ai donc fait semblant de rebrousser chemin, mais, dès qu'ils sont partis, je suis quand même montée.

Betty intervient pour dire que, si c'était interdit, elle n'y serait jamais allée. Lucas pense la même chose, mais il ne l'avouera pas. Avec un peu de fierté, Hilke se vante d'avoir heureusement visité ce quatrième étage :

– Sinon, je n'aurais pas vu les murs couverts de triangles et d'étoiles ! Le même dessin que celui du tatouage de Peter et du tee-shirt de la fille à l'accordéon ! Il y en avait partout dans le couloir du quatrième. C'est pas tout : j'ai même revu la fille !

– Kenza ? Celle de l'affiche ? demande Lucas. Waouh !

– *How, my god !* s'exclame Betty en détachant chaque syllabe.

– Je vous jure : elle était assise toute seule au bout du couloir. Sans faire de bruit, je me suis approchée, mais quand j'ai voulu lui parler, elle est vite entrée dans une pièce et j'ai entendu qu'elle s'enfermait à clé.

– Tu es sûre que c'était elle ? demande Lucas, impressionné.

– Oui, oui, je suis sûre. Plusieurs fois j'ai frappé à la porte...

– Mais elle n'a pas répondu, précise Téo pour rappeler que Hilke n'a pas été la seule à faire des choses extraordinaires. Avec Boris, nous on a peint un morceau du mur et accroché le tissu des filles. C'était super acrobatique, j'ai même failli tomber de l'échelle ! C'est comme ça que j'ai déchiré mon tee-shirt, mais cela aurait pu être pire ! Sans oublier qu'il fallait aussi surveiller les gens qui entraient. La musique était de plus en plus forte, et la police aurait pu venir faire un contrôle, comme l'autre fois...

– À votre place, moi, j'aurais été morte de peur, soupire Betty.

– Surtout que Hilke ne revenait pas, rappelle Boris. Un moment, j'ai même pensé que quelqu'un l'avait fait disparaître !

– Les visiteurs de l'exposition étaient de plus en plus nombreux, alors avec Boris, on en a profité pour se faufiler dans les escaliers et chercher Hilke dans les étages. On l'a retrouvée dans les escaliers et elle nous a raconté tout ce qu'elle avait vu...

– Les dessins et la fille! s'exclame Betty, comme si elle répondait à un jeu.

– C'est ça, approuve Téo en dessinant des formes avec son doigt. Que des triangles avec des étoiles! On est remontés avec elle et quand Hilke nous a montré la porte derrière laquelle Kenza s'était enfermée, j'ai collé mon oreille contre la serrure mais on n'entendait rien. Rien de rien. Par contre, on a dû se cacher quand deux personnes sont sorties d'une pièce à quelques mètres de nous. On a eu de la chance, elles ne nous ont pas vus, mais cela devenait trop dangereux, alors on est redescendus.

– ... Tout en bas, j'ai vu le type qu'on a suivi dans le métro, signale Boris.

– Et le chien? lui demande sa sœur.

– Non. On n'a vu aucun chien, lui répond Téo. Mais on n'a pas vraiment pu regarder partout parce qu'on n'avait plus le temps: Boris devait rentrer et moi j'avais rendez-vous avec mes parents à midi. Même en courant, je suis arrivé juste-juste...

– Moi je voulais rester, dit Hilke. Mais toute seule, c'était un peu...

Lucas veut en savoir plus:

– Un peu quoi? Vous croyez que la fille est prisonnière? qu'elle avait peur? qu'elle avait faim?

– Non, d'après Hilke, elle n'avait pas l'air d'être malade ou terrifiée, précise Téo. C'est juste que Hilke toute seule...

– N'importe quoi! l'interrompt Hilke en agitant les bras comme si elle allait mettre son ami par terre en lui faisant une prise de judo. Pour rappel, je sais me défendre! C'est la vérité: moi je voulais rester, mais Boris et toi vous deviez aller manger avec papa et maman!

Le ton est provocant, et les trois secondes de silence qui suivent sont tendues, mais très vite Hilke engloutit une gaufre et fait des grimaces pour montrer qu'elle ne cherche pas la bagarre. Elle se tourne ensuite vers Lucas:

– Ce que je voulais dire, c'est que c'était un peu... (elle agite ses bras dans tous les sens) une ambiance *cool-cool*, comme dirait ma mère. Parfois elle donne des cours de yoga dans ce genre d'immeubles où il y a des occupations précaires. Plusieurs fois je l'ai accompagnée...

– Waouh, raconte! disent Betty et Lucas presque en même temps.

– Une fois, c'était dans une ancienne banque, il y avait même encore la salle des coffres ! Nous, on y est allées parce qu'il y avait une fête et un concert. Sur une terrasse, ils faisaient pousser des salades, je vous jure ! Là aussi, il y avait des musiciens et...

– ... Des musiciens avec leurs chiens ? demande Betty.

– Avec ou sans chiens, on s'en fiche, intervient Téo. Ce matin, c'est vrai qu'on n'est pas restés, mais si on va à la soirée carnaval demain, on aura plus de temps pour faire nos recherches.

Lucas intervient très sérieusement :

– Chez moi, à Carpentras, je n'ai jamais vu des trucs comme ça. Parfois, l'été, il y a des jeunes avec des sacs à dos qui campent près du terrain de foot, mais il n'y a pas d'histoires de disparition ou de gens qui font pousser de la salade sur la terrasse d'une banque...

– ... Une *ancienne* banque, précise Hilke en riant, parce que dans mon quartier non plus, on ne fait pas de concerts ou de cours de yoga à la banque !

Pour éviter tout risque de surenchère, Téo détourne l'attention de son cousin en lui mettant deux gaufres sous le nez :

– Tu vois la différence?

– La différence de quoi? lui demande Lucas, cherchant vainement un lien entre gaufres, salade et cours de yoga.

– Ben, la différence entre ces deux gaufres! Tu ne vois pas la différence?

– Suis pas aveugle, lui répond Lucas. Bien sûr que je vois la différence! Il y en a une carrée et une plus épaisse! C'était ça ta question?

– Plus ou moins. À droite, rectangulaire et pas carrée, je te présente la *gaufre de Bruxelles.* À gauche, plus ronde et plus sucrée, la *gaufre de Liège*. Ce qui est rigolo, c'est qu'à Bruxelles on mange des gaufres de Liège et à Liège des gaufres de Bruxelles!

– ... Par contre, au bord de la mer, entre Ostende et Oostduinkerke, on mange les deux! Mais de toutes les gaufres que j'ai mangées, ce sont celles de ta mère que je adore le mieux, ajoute Betty en faisant à nouveau une faute qui fait rire tout le monde.

– Moi aussi, ce sont ces gaufres-là *que je adore le mieux*, enchaînent Boris et Téo.

– Et moi, c'est ma cuisinière de mère que *je adore le plus*, résume Hilke en riant.

Après avoir indifféremment puisé dans les deux piles de gaufres, Boris tente de dessiner une carte de la Belgique avec des miettes pour aider Lucas à situer toutes les villes qui viennent d'être citées. Betty et Hilke s'en mêlent et, très vite, la carte ressemble plus à celle d'un continent inconnu qu'à celle d'un petit pays européen. Brusquement, Boris rassemble les fragments et les avale d'un coup :

– Adieu ma première gaufre géographique, articule-t-il, la bouche pleine.

Le rire de Hilke aurait pu les entraîner tous, mais Téo sort de sa poche son téléphone qui émet un signal régulier. Il explique aux autres :

– Pour être sûr de ne pas oublier l'heure, j'ai mis l'alarme. Si on n'est pas à l'heure cette fois, mes parents ne nous laisseront jamais sortir demain !

– Tu leur en as déjà parlé ? Ils sont d'accord ? Qu'est-ce que tu leur as dit ? demande Hilke avec curiosité.

– J'ai dit que Boris et Betty organisaient une soirée déguisée pour le carnaval.

– Et toi ? demande-t-elle à Boris.

– Nous, on a dit que tu nous invitais.

– ... Tu dis « nous », mais moi je voulais d'abord entendre toute l'histoire, corrige Betty pour se démarquer de son frère.

Les mains sur les hanches, Hilke les observe un par un, avant de résumer ce qui les préoccupe tous :

– Bon alors, c'est sûr, on le fait ?

Garçons et filles se regardent sans rien dire.

Puisqu'elle a pris l'initiative de la question, c'est finalement Hilke qui y répond la première, avec un air très décidé :

– Moi, je crois qu'il faut y aller ! La disparition de Peter, son chien qu'un autre guitariste tient en laisse, le dessin, Kenza dont le visage est affiché partout... Cela fait beaucoup de mystères ! Nous on a découvert un lien entre eux, mais aucun adulte ne nous croira jamais. On est les seuls à pouvoir résoudre l'énigme !

Les autres se taisent, alors elle reprend :

– Moi en tout cas, j'ai l'intention d'y aller ! Si personne ne veut m'accompagner, je trouverai un moyen pour convaincre ma mère de venir avec moi.

Cette perspective rassure Lucas :

– Ah, tu crois que ta mère serait d'accord?

Sauf que Boris et Téo balaient la proposition et déclarent :

– Pas besoin des parents ! On va se débrouiller ! On va le faire ! On va y aller !

Cela ressemble à un serment.

Betty le répète à son tour :

– Moi, je suis d'accord aussi, on y va !

Tous les regards se tournent ensuite vers Lucas qui, sans enthousiasme, se contente de dire :

– OK. OK, je viens aussi.

10

Lundi matin

Comme chaque matin depuis l'arrivée de Lucas, le petit-déjeuner est l'occasion d'élaborer le programme de la journée. Aujourd'hui, Téo est surtout pressé de voir arriver la soirée déguisée, mais puisqu'il faut proposer quelque chose avant, il se dit qu'il pourrait emmener son cousin à l'Atomium, cela permettrait de régler les derniers détails de leur expédition. Alors, quand son père pose à chacun les désormais traditionnelles questions : « Projets du jour ? Horaire ? Plan ? Besoin particulier ? », Téo n'hésite pas longtemps :

– Visite de l'Atomium, puis la soirée chez Betty et Boris, vous êtes toujours d'accord?

Au grand soulagement de Téo, ses parents acquiescent, mais, quand vient le tour de Lucas, il surprend tout le monde (et surtout Téo) en annonçant que, au lieu de l'Atomium, il préférerait passer une partie de la journée avec Lucie.

– Yesss! s'exclame l'heureuse élue, surprise du choix de son cousin. Mais je te préviens, ce sera cinéma et compagnie hyper *girly-girly*!

La veille, quand ils étaient revenus de chez Hilke, Lucas s'était une nouvelle fois laissé accaparer par sa cousine et avait passé une partie de la soirée avec elle. Téo sait maintenant de quoi ils ont parlé...

– *Girly-girly*, j'adoooreee, grimace Lucas en plissant les yeux comme si des mystères allaient soudain lui être révélés.

– Au moins, toi, t'as pas peur de te taper la honte si on te voit avec moi, réplique Lucie avec ironie. Pas comme mon frère... Téo? Tu veux nous accompagner?

Au lieu de répondre, Téo avale la moitié d'un

petit pain au chocolat et hausse les épaules, ce qui fait réagir sa mère :

– C'est vrai, pourquoi ne pas passer l'après-midi avec ta sœur? pour une fois?

– Oublie-moi, tu ne peux pas comprendre, lui répond Téo en fixant Lucas.

Il se demande bien ce qui se passe dans la tête de son cousin. Préoccupé, il entend ses parents proposer à Lucas de le récupérer à la sortie du cinéma pour lui permettre de revenir se changer à la maison et d'être à l'heure pour la soirée déguisée.

– Vous y allez ensemble, pas de changement de ce côté-là? demande le père de Téo en cherchant à croiser le regard de son fils.

– Bien sûr! On a les costumes et tout, bien sûr qu'on va y aller, lui répond Téo.

– Pareil pour toi, Lucas? insiste le père de Téo en fronçant les sourcils comme s'il cherchait à déchiffrer le malaise qu'il croit deviner entre les deux garçons.

– Oui, oui, pas de changement : journée avec ma cousine et soirée avec mon cousin.

Le ton de la réponse est mécanique et ne rassure pas Téo.

« Est-ce que Lucas va jouer le jeu ? Est-ce qu'il va se défiler ? ou parler de nos projets à Lucie ? »

Au moment de quitter la cuisine, Lucas demande à la mère de Téo s'il peut téléphoner à ses parents :

– Pour leur dire que tout va bien et leur demander où ils en sont de leur projet de déménagement à Nice, explique-t-il, comme s'il devait se justifier.

Téo voit son père sourire. Apparemment, il trouve que ce coup de fil est une bonne idée et il fait un geste vers la porte de son bureau :

– Si tu veux, utilise mon téléphone, dit-il. Comme ça, tu seras tranquille pour parler.

« Parler, mais pour raconter quoi ? » Téo donnerait cher pour le savoir.

Lucas avait raison : *Quand on ne sait pas, on imagine toujours le pire...*

Or, pour Téo, le pire ce serait que Lucas dévoile leur plan à tout le monde. Sans mal, il imagine la tête de ses parents s'ils apprenaient que, au lieu de passer la soirée chez les siamois, ils se déguisaient pour aller discrètement fouiller une ancienne maison de retraite à la recherche de personnes disparues ! L'horreur !

– Un problème ? Tu n'as pas l'air dans ton assiette...

Téo relève la tête et voit sa mère qui l'observe avec attention.

– Non, non, pas de problème, lui répond Téo en rejoignant sa sœur qui range son bol dans le lave-vaisselle.

Lucie le prévient :

– Prem's dans la salle de bains ! Sauf si tu en as pour deux minutes. Moi, ça risque d'être plus long, parce que ce n'est pas tous les jours que je présente mon cousin à mes copines !

Téo lui fait signe qu'elle peut y aller puisqu'il a toute la journée devant lui. Une fois sa sœur partie, il traîne dans la cuisine et garde un œil sur le bureau. La porte est fermée et, s'il s'approche, il a beau tendre l'oreille, il ne capte rien de ce que Lucas dit à ses parents. Sous mille prétextes, Téo s'attarde dans le couloir et, dès que son cousin sort du bureau, il l'attrape par la manche et l'entraîne dans la buanderie :

– Alors? lui demande-t-il un peu brusquement.

– Alors quoi?

– Alors, qu'est-ce que tu as dit à tes parents? Tu leur as parlé de nous?

– Oui, je leur ai dit qu'on s'amusait bien. Pourquoi? Il fallait leur dire autre chose?

Face à l'air ahuri de Lucas, Téo se trouve ridicule. Soudain, il est même un peu gêné:

– Pardon, excuse-moi, mais je croyais...

– Tu croyais quoi? Tu crois que je suis une balance?

– Non, mais depuis hier on dirait que tu m'évites, alors c'est normal que je me pose des questions.

– Sauf qu'à mon avis tu ne te poses pas les bonnes questions, réplique Lucas sur un ton plein de sous-entendus.

La fin de sa phrase est couverte par la voix de Lucie qui hurle qu'elle est quasi prête, mais Téo s'interpose au moment où Lucas ouvre la bouche pour lui répondre:

– Mais pour ce soir, on est toujours d'accord? le presse-t-il.

– Oui je te l'ai dit: c'est d'accord. Si je dis que c'est d'accord, c'est d'accord, qu'est-ce que tu veux de plus? Promis, juré, on est d'accord, même si on n'y va pas vraiment pour retrouver ce chien ou cette fille qui joue de l'accordéon...

– Qu'est-ce que tu veux dire?

– À mon avis, tu cherches surtout à épater ta copine Hilke! T'as envie de lui montrer que toi aussi tu es un rebelle, comme le Peter de la station de métro! Je connais le truc: un jour, un gars de ma classe s'est fait faire un piercing dans le nez pour plaire à une fille d'une autre classe, mais ça n'a pas marché!

Téo est tellement surpris qu'il ne sait plus quoi dire. Quand il retrouve la parole, il est trop tard: Lucas et Lucie sortent de la maison. Téo les suit jusqu'à la voiture, et Lucas se penche discrètement vers lui pour lui souffler:

– On se retrouve ce soir pour la suite de nos aventures!

11

Lundi 11 heures

Après le départ de Lucas et de Lucie, Téo veut remonter dans sa chambre, mais son père interrompt le mouvement :

– Tout se passe bien avec ton cousin ?

– Ben oui, c'est pas parce qu'il préfère passer l'après-midi avec Lucie que...

– Ce n'est pas ce que je voulais dire. Tout à l'heure, j'ai parlé à son père et...

Le cœur de Téo s'accélère. « Si ça se trouve, il est au courant de tout ! ou il soupçonne quelque chose ! » Sans mal, Téo imagine les milliers de reproches que son père lui ferait si... Il serre les dents et se prépare au pire, mais la voix paternelle reste très légère :

– ... Lucas est très content d'être à Bruxelles !

Téo ressent un immense soulagement. Sur le même ton, son père poursuit :

– Comme je te le disais l'autre jour : à cause de cette histoire de déménagement à Nice, les relations entre Lucas et ses parents ne sont pas géniales en ce moment. Le mois dernier, Lucas a même refusé de leur parler pendant plusieurs jours, alors, quand il a voulu leur téléphoner ce matin, moi j'ai trouvé ça super ! Super, parce que je me suis facilement mis à leur place : moi, je détesterais qu'un de mes enfants refuse de me parler !

– Tu as raison, c'est pas terrible, lui répond Téo.

– Comme tu dis ! Au moins, dans notre famille, nous, on communique, on a confiance les uns en les autres. C'est important !

Mal à l'aise, Téo se demande si son père n'aurait pas un sixième sens ou s'il n'a pas surpris une conversation. Malgré ses efforts, Téo devine surtout que son visage a dû changer de couleur, parce que son père se met à rire en lui tapant sur l'épaule :

– Oups, j'ai dit un mot de travers, tu me trouves trop sérieux?

– Non, pas trop sérieux, c'est juste que Lucas ne m'a jamais vraiment parlé de ses parents. Il m'a juste dit qu'ils devront peut-être déménager et que ça ne lui plaît pas, mais rien de plus. Tu sais, nous on s'amuse sans se prendre la tête!

– Tu as raison! L'important c'est que vous passiez de bonnes vacances!

Alors qu'il a déjà la main sur la poignée de la porte de son bureau, le père de Téo ajoute encore:

– À propos d'amusement, n'oublie pas le sac de vêtements dans le garage. Fouille et vois si tu trouves ton bonheur!

Puis la porte se referme.

Une fois dans sa chambre, Téo essaie de faire le tri dans ses pensées. C'est difficile.

Au fond de lui, il sait qu'il ne devrait pas mentir à ses parents et qu'il ne devrait pas aller à ce bal de carnaval organisé dans cette ancienne maison de retraite. Chaque fois qu'il y pense, Téo sent bien que c'est dangereux, pourtant il sait qu'il ira. Il en a fait le serment devant les autres et il n'a pas envie de les décevoir (surtout Hilke). Couché sur son lit, Téo ferme les yeux et s'imagine explorer le bâtiment à la recherche de la fille aux dreadlocks. S'il la trouve, il est certain de pouvoir comprendre pourquoi elle s'est enfermée au quatrième étage. Et pourquoi Peter et son chien sont introuvables.

Secrètement, Téo espère qu'il sera le premier à résoudre toutes ces énigmes.

S'il y arrive, peut-être que la police lui donnera une médaille !

Peut-être qu'il deviendra célèbre, que la télé viendra l'interviewer, qu'il signera des autographes à tous les gens du quartier avant de rentrer chez lui pour parader avec sa médaille, comme Lucie l'avait fait avec sa coupe !

Cette idée lui donne des fourmis dans les jambes ! Si c'était possible, il partirait tout de suite. Mais il est beaucoup trop tôt, alors, au lieu de tourner en rond dans sa chambre, Téo descend dans le garage pour chercher de quoi compléter les déguisements. Pilote d'avion, c'est facile. Pour Lucas, Téo fouille ses armoires à la recherche d'une épée et d'un drapeau pirate qu'il avait reçus pour un anniversaire. Pour une fois, il trouve tout ce qu'il cherche tout de suite. Très vite les déguisements sont prêts sur son lit. Cette journée est interminable !

Un instant, Téo regrette même de ne pas avoir accompagné Lucas dans sa sortie cinéma *girly-girly* avec Lucie – au moins il ne serait pas resté tout seul dans sa chambre – mais l'instant d'après il imagine sa tête s'il avait croisé un de ses copains. Nul.

La veille, chez Hilke, Boris avait proposé qu'ils se contactent en fin d'après-midi pour faire le point, mais, à quinze heures, Téo n'y tient plus : il appelle les siamois. C'est Betty qui répond :

– *How*, pour nous tout va presque bien ! Sauf que mon frère veut s'habiller en Viking ! Il veut mettre son ventre nu avec des colliers et des fourrures ! Tu imagines un Viking dans le métro !

– Tu crois qu'on va y aller en métro ?

– Même dans le bus, un Viking, ce n'est pas possible ! Surtout, il veut que je sois sa princesse viking et que je le suive en faisant de la musique, mais je ne suis pas d'accord !

Téo visualise la scène et il rit, ça lui fait du bien.

Betty l'interrompt :

– Ce matin, mon frère a croisé Hilke près de la salle de sport, elle lui a dit qu'elle parlera peut-être de notre projet à sa mère.

– Hilke compte lui dire où on veut aller ce soir? s'inquiète Téo. Tu crois qu'elle sera d'accord? Tu crois qu'elle va téléphoner à nos parents?

– Mon frère a posé la même question, Hilke a juré que tout irait bien, elle doit nous appeler quand elle sera revenue du judo. Pour ce soir, mes parents nous ont demandé de rentrer à vingt-deux heures. Si on arrive en retard, on ne pourra plus sortir des vacances ! Pour toi et ton cousin, ce sera quelle heure?

– Je ne sais pas encore. Pour les détails...

– Tu me diras après, le coupe Betty, parce que, là, avec ma mère, je dois partir dans le magasin pour acheter des plumes pour mon chapeau ! *Bye bye bye !*

Betty est partie. Boris et Hilke sont injoignables, et Téo sait qu'il doit attendre au moins deux heures avant d'entendre la voiture de sa mère se garer dans l'allée. Une éternité !

12

Lundi 18 heures

– Superbe !

La mère de Téo prend Lucas et Lucie à témoin :

– Vous êtes d'accord avec moi ? Superbe !

– La veste, c'est l'ancienne de papa, et il m'a aussi prêté ses lunettes de soleil, répond Téo, en tournant sur lui-même pour se faire admirer dans son déguisement de pilote.

Soigner son look, lisser ses cheveux, chercher l'équilibre parfait entre chemise, veste, pantalon, lunettes et casquette avaient permis à Téo de remplir l'après-midi le plus long de sa vie. Ni Hilke ni Betty ne l'avaient finalement appelé. Téo avait juste reçu un message de Boris une heure plus tôt : « TOUT OK. PARENTS PAS LÀ. RDV CZ NOUS À 7H. SLT. » Téo ne tient plus en place. Lucie et Lucas sont à peine dans la maison qu'il presse son cousin d'aller se changer :

– Le rendez-vous est à dix-neuf heures !

– Ooh, laisse-le respirer ! s'interpose Lucie. Si tu savais le tour qu'on a fait !

Connaissant sa sœur, Téo la sent prête à décrire leur moindre geste, à raconter qui a dit quoi et qui était assis à côté de qui, alors il l'arrête tout de suite :

– Stop ! Faut que je montre à Lucas ce que j'ai préparé pour lui ! Après on file !

– Téo, ta sœur a raison, ton cousin a le droit de souffler ! Si tu veux, je vous amènerai en voiture, ça vous fera gagner du temps, propose la mère de Téo.

– Pas de problème, pas de problème ! Je peux être prêt en cinq minutes, assure Lucas en faisant un clin d'œil à son cousin.

Téo le suit dans la chambre et le regarde enfiler la veste de pirate. Habile, Lucas roule finement le drapeau pour en faire une sorte de cravate.

– Il te manque juste une jambe de bois et un perroquet sur l'épaule, mais, même comme ça, c'est presque parfait, juge Lucie quand ils reviennent dans la cuisine pour les dernières recommandations.

Le père de Téo veut savoir si son fils a pensé à recharger son téléphone :

– On est d'accord ? Si ça se prolonge, je viens vous chercher. Par contre, si vous revenez tout seuls, prenez le bus direct, c'est plus long, mais je préfère ça au métro. On est d'accord ? Je récapitule : pas plus tard que vingt-trois heures et, au moindre problème, tu m'appelles !

– Vous êtes sûrs de ne pas vouloir grignoter quelque chose avant de partir ? insiste la mère de Téo. Après, je te l'ai dit : je peux vous emmener, vous ne serez pas en retard...

– Laisse-les se débrouiller, l'interrompt son mari. Le trajet, ça fait partie de la fête !

Trop heureux de l'intervention de son père, Téo dit oui à tout, impatient de se mettre en route.

Dans le métro, leurs déguisements amusent les autres passagers, mais Téo n'y prête pas attention.

Appuyé contre la paroi, il trouve que les stations ne défilent pas assez vite. Trois encore avant d'arriver chez les siamois.

– ... Et après, on va où? lui demande Lucas. Pourquoi on n'a pas pris le bus direct?

– Parce que c'est plus long avec le bus. Là, on va chez les siamois en métro, puis on prendra un bus pour aller là-bas! Hilke y sera déjà, précise Téo, apparemment sûr de lui.

Quand ils sortent du métro, la nuit est tombée. Téo et Lucas doivent encore marcher une dizaine de minutes. Sur le chemin, ils longent un parc et un grand bâtiment dont aucune fenêtre n'est éclairée.

– C'est une école. Normal qu'il n'y ait personne le soir. Surtout pendant les vacances, précise Téo après avoir vu son cousin lever plusieurs fois les yeux vers l'imposante bâtisse.

– Pas très rassurant, commente Lucas. J'espère que ce ne sera pas l'ambiance de la soirée. Nous, on ne se quitte pas, on est toujours d'accord! Tu jures!

Puisque rassurer Lucas le rassure aussi, Téo résume à voix haute ce qu'il se répète depuis le début de l'après-midi :

– Promis-juré, on ne se quitte pas ! Avec nos déguisements, on pourra facilement se promener dans le bâtiment et monter directement au quatrième étage pour trouver la fille...

– ... ou le chien du guitariste-dont-Hilke-n'est-pas-amoureuse, complète Lucas.

– ... Après, on ne sera pas obligés de rester longtemps, continue Téo comme s'il n'avait pas entendu la remarque ironique de son cousin. Quand on aura trouvé Kenza, on parle avec elle, on l'aide si elle en a besoin, et on pourra repartir avec le tram 25. Tout à l'heure, j'ai vérifié sur un plan : il y a une station de tram juste derrière l'ancienne maison de retraite. Le 25, ça nous ramènera directement à la maison. À mon avis, on va rester là-bas une heure, pas plus. Tranquille.

Téo et Lucas sont maintenant à l'entrée d'une rue dont toutes les maisons sont dissimulées derrières des haies. Cela fait comme un long couloir, d'où surgit soudain une créature poilue dont une main est prolongée par une hache. Surpris, les deux garçons font un pas en arrière, mais Betty apparaît presque en même temps, ses longs cheveux dissimulés sous un chapeau plein de plumes colorées :

– Boris le Viking ! dit-elle en faisant une petite révérence qui va bien avec sa robe.

– Betty, la princesse au chapeau, ajoute son frère en poussant des cris de barbare.

Tous les quatre se font des compliments. Même Betty convient que son frère n'est pas si ridicule habillé en Viking :

– Ce soir, s'il y a un concours, tu devrais te présenter ! Vous avez vu sa hache ? On dirait une vraie ! Je te jure : s'il y a un concours, tu gagnes ! dit-elle en levant le bras de son frère.

– Sauf qu'on ne va pas là-bas pour s'amuser, rappelle sérieusement Téo. Quelqu'un a des nouvelles de Hilke ?

– Oui, elle vient de m'envoyer un message. Elle nous attend sur la place, elle y est déjà ! Alors, allons-y ! Allons-y ! crie Boris en prenant un air sauvage.

Cinq minutes plus tard, il se calme, parce qu'ils viennent de monter dans le bus. À cette heure, les boulevards sont déserts et ils arrivent vite à destination. Hilke leur fait signe à travers la vitre. Elle est habillée en judoka et applaudit en les voyant descendre :

– Bravo ! Vous êtes méga beaux !

– *Gari-gari* ! lui répond Lucas en lançant son pied droit en avant.

Hilke imite Lucas, puis elle essaie la fourrure de Boris le Viking et le chapeau de Betty la princesse. Téo a l'impression d'être transparent, alors, pour se faire remarquer, il élève la voix et propose de faire le point avant d'entrer.

– *Checking ?* À vos ordres, commandant ! s'amuse Hilke en le saluant.

Puisque tous les regards sont tournés vers lui, Téo aimerait dérouler un plan parfait, mais en vérité il n'a rien préparé. Alors, il improvise :

– Quand on sera dans la maison, ce serait mieux de se séparer en deux groupes, dit-il en faisant le geste de couper une tarte imaginaire. Vous, vous serez en bas, près de l'exposition de peinture, dit-il en désignant Betty, son frère et Lucas. Pendant ce temps, avec Hilke, on monte directement dans le couloir où on a vu Kenza Koch avec...

– Parfait, moi ça me va ! répond Hilke très rapidement en lui donnant le bras comme s'ils prenaient la tête d'un cortège.

Les autres n'ont pas le temps de discuter, Boris ajoute juste qu'il a pris note du numéro de la police :

– Si on ne retrouve pas la fille, on pourrait quand même leur signaler qu'on l'a vue dans le bâtiment. Comme ça, si elle est en danger...

Lucas est le premier à dire que c'est une bonne idée :

– L'autre fois, dans le film dont je vous parlais, les policiers ont pensé que c'était une blague parce que les frères qui appelaient n'ont pas été convaincants. Pour faire sérieux, ils auraient dû se faire passer pour des adultes. Avec un copain, on fait souvent des imitations (Lucas change sa voix pour leur montrer), si vous voulez...

– Ouais, pourquoi pas, admet Téo. Mais on

devrait d'abord suivre notre plan. Si dans une heure, on n'a rien trouvé, on en rediscute. Ça vous va?

L'approbation est générale et ils se dirigent, enfin, vers l'ancienne maison de retraite où ils sont accueillis par un grand type avec une énorme tête de Mickey, accompagné de trois filles déguisées en Mexicaines qui les précèdent dans le bâtiment en chantant *Fiesta Carnaval! Caramba! Carnaval!* Téo aurait préféré une arrivée plus discrète...

À l'intérieur, le décor a complètement changé. L'exposition a disparu et des masques et des guirlandes sont accrochés partout. Autour d'eux, tous les gens sont déguisés. Impossible de reconnaître qui que ce soit. Immobiles au milieu du couloir, un magicien et deux squelettes remplissent des verres en plastique qu'ils tendent aux nouveaux venus:

– Bienvenue! Bienvenue! hurlent-ils pour se faire entendre malgré la musique.

Sous leurs encouragements, Téo voit Hilke effleurer le liquide avec ses lèvres:

– C'est de la bière, chuchote-t-elle à l'oreille de Téo. Tu en as déjà bu?

Au lieu de lui répondre, Téo cogne son verre contre celui de Hilke et avale une longue gorgée d'un liquide beaucoup plus amer que la bière qu'il avait goûtée pendant les dernières vacances.

Heureusement, un roulement de tambour et quatre notes de trompette font diversion et lui permettent de grimacer sans être remarqué. À sa droite, il voit Betty poser discrètement son gobelet intact sur une table. Comme elle, Téo se dirige ensuite vers une petite estrade devant laquelle il y a de plus en plus de monde. Hilke se colle à lui et, comme si elle avait peur de le perdre, elle glisse ses doigts dans les siens.

«Le spectacle va commencer!» annonce une voix dans un haut-parleur.

Côte à côte, Hilke et Téo longent le mur pour s'approcher et être aux premières loges pour l'entrée des artistes: une fille avec un saxophone s'avance la première, une autre la suit avec un violon, puis un garçon avec une trompette et... Peter! Que Téo voit pour la première fois en dehors de la station *Poste/Post*! Peter! Téo n'en croit pas ses yeux. Juste derrière lui arrive son chien, Magik, que le public salue en hurlant des «Waouh! Waouh!».

Aussitôt, Téo sent que la main de Hilke n'est plus dans la sienne.

13

Lundi 20 heures

Pour se donner une contenance, Téo boit une nouvelle gorgée de cette bière trop amère. Pas très loin de lui, il entend Boris hurler dans sa direction :

– Waouh ! Waouh ! Apparition du chien et du guitariste ! Génial ! Waouh !

Betty applaudit, et Téo la voit rejoindre Hilke. Toutes les deux se faufilent en dansant jusqu'à la scène. Au lieu de les suivre, Téo se retourne et se retrouve face à son cousin qui lui fait un clin d'œil et tente de se faire entendre malgré la musique :

– Mystère résolu ! On est les meilleurs ! crie-t-il en montrant les musiciens.

Le regard de Lucas est insistant, et Téo sent ses joues de plus en plus brûlantes. « La bière, sûrement. » Au lieu de répondre, il attire son cousin vers le couloir où il n'y a presque plus personne.

– Viens, lui dit-il, puisque personne ne regarde par ici, on va pouvoir monter sans se faire repérer !

– Mais... tente Lucas qui pensait vraiment que leur mission était terminée.

– La fille à l'accordéon, le dessin ! rappelle Téo en ouvrant la porte donnant accès aux escaliers.

Téo voit Lucas hésiter, alors il sort de sa poche un coin de l'avis de disparition :

– C'est pour elle qu'on est là, non ?

– Oui, tu as raison. On est venus pour ça...

S'éloignant de la musique et du chahut, les deux garçons grimpent rapidement jusqu'au deuxième étage. Sur le palier, Lucas fait une pause pour reprendre son souffle. Il désigne le couloir devant eux :

– On va par là ? propose-t-il.

– Pas la peine, répond Téo. Avec Hilke, on l'a vue au quatrième, alors on va directement au quatrième! Si on la trouve, tant mieux, sinon on redescend, on prend le 25 et on rentre.

– Et les autres?

– Je leur enverrai un message! Bon, on avance?

Soucieux d'atténuer la sécheresse de sa voix, Téo cherche une blague ou un mot pour remercier son cousin d'être là, mais il ne trouve rien, alors il continue l'ascension. Passé le troisième étage, Téo et Lucas sont bousculés par trois clowns qui crient:

– Laissez passer la lumière! Laissez passer la lumière!

Téo ne peut retenir une exclamation:

– Sont complètement dingues!

Plus haut, Téo et Lucas franchissent une porte sur laquelle le mot INTERDIT! est écrit plusieurs fois en lettres majuscules. Sur les murs, de l'autre côté, le chiffre 4 apparaît partout. Téo le montre à Lucas:

– Tu vois, on y est, dit-il en parlant tout bas, comme si quelqu'un pouvait les entendre.

Téo et Lucas font une pause pour habituer leurs yeux au manque de lumière. Plus bas, des lampes éclairaient les escaliers. Ici, il n'y a qu'une ampoule qui permet à peine de voir le début d'un escalier métallique dans lequel ils entendent résonner les pas et les rires des clowns qui viennent de les dépasser. Un peu plus loin, sur la gauche, un nouveau couloir, plus étroit que ceux des étages inférieurs :

– C'est là que tu voulais aller? chuchote Lucas d'une voix mal assurée.

– Oui, c'est là ! Regarde ! lui répond Téo en pointant le doigt vers un triangle d'étoiles peint en rouge sur le mur.

La veille, à la lumière du jour, l'endroit était moins sinistre. Intérieurement, Téo ne se sent pas très bien et il se demande ce qui lui a pris de monter jusqu'ici. Pour se donner du courage, il se dit qu'il doit juste avancer encore un peu dans le couloir. Que cela devrait suffire pour prouver à tout le monde, à Hilke surtout, qu'il n'a pas peur de prendre des risques. Ainsi motivé, Téo s'enfonce dans la pénombre en suivant le mur avec sa main pour avoir un repère. Soudain, il sursaute en sentant les doigts de Lucas se poser sur son épaule :

– On pourrait appeler, ça irait plus vite, suggère son cousin.

– Tu m'as fait peur ! J'aurais pu te frapper ! s'emporte Téo d'une voix étouffée.

Téo remet un pied devant l'autre, mais Lucas insiste :

– C'est lugubre ici ! On ne devrait pas traîner !

Puis, plus fort :

– Y a quelqu'un ? On cherche Kenza ! Y a quelqu'un ? Ohé ! KENZA !

La voix de Lucas fait un vacarme du tonnerre ! Téo se tourne vers son cousin pour lui signifier que ces hurlements sont sûrement le pire moyen d'entrer en contact avec celle qu'ils cherchent. Son bras s'agite déjà dans les airs pour ordonner à Lucas de se taire, quand de la lumière envahit brusquement le fond du couloir. Une porte vient de s'ouvrir et apparaît un visage à moitié caché par une cascade de dreadlocks.

– Zètes dingues de crier comme ça ! Vous êtes qui ? Vous n'avez pas vu l'avertissement ? Cet étage est interdit ! Comment vous connaissez mon nom ?

– Kenza ? demande Téo.

– Oui, mais vous êtes qui, vous ? Personne n'a le droit d'être ici ! Avec tout ce raffut, on va se faire repérer !

Téo se lance dans des explications pas très claires où il est question, pêle-mêle, du chien, de la filature du guitariste, des frères siamois, de Hilke, du dessin, de la soirée carnaval et de l'avis de recherche. Conscient du désordre de ses arguments, il se tourne vers Lucas, beaucoup plus détendu depuis que le couloir est éclairé. Son cousin prend le relais :

– C'est surtout à cause de Peter, le guitariste du métro...

– Ah bon ? Vous connaissez Peter ? Ça change tout ! Vous auriez pu commencer par là. Alors, entrez, vous m'expliquerez !

Pour Téo, la tension retombe d'un coup. Ses muscles se détendent les uns après les autres, et un sentiment formidable l'envahit : ils ont réussi ! Téo se le répète en boucle dans sa tête : « ON A RÉUSSI ! » Bientôt, il va pouvoir envoyer un message à Hilke et aux siamois, mais, avant cela, Téo veut tout savoir. Qui elle est, d'où elle vient, qui la recherche et pourquoi on voit sa photo sur des avis de recherche. À un mètre devant lui, Lucas le prend de vitesse. Avant d'entrer dans la pièce, il montre les dessins sur le mur du couloir et demande :

– Si on entre dans cette pièce, on pourra ressortir ? Ce n'est pas un piège de la mafia ?

Comme si on venait de lui raconter la blague la plus géniale du siècle, Kenza se retourne, hilare. Elle rit tellement qu'elle a du mal à parler :

– La mafia ? La mafia ! Mais c'est n'importe quoi !

Son rire est communicatif. Téo sent déjà des tiraillements dans sa mâchoire, quand soudain des dizaines d'explosions retentissent au-dessus de leurs têtes. Immédiatement, le couloir est plongé dans un noir absolu et une sonnerie très forte leur vrille les tympans. Ils s'appellent, mais ont du mal à s'entendre et à se retrouver. Téo sent une odeur de brûlé. Lucas l'a sentie aussi, il crie :

– Le feu, il y a le feu, il faut sortir !

Téo tente de s'orienter et s'oblige à réfléchir très vite :

– Il faut rejoindre l'escalier, dit-il pour lui-même et pour les autres.

Les bras tendus vers l'avant, il cherche à retrouver le mur, son cousin, mais ses bras ne rencontrent que le vide et il a beau écarquiller les yeux, il ne distingue plus rien. La fumée le fait tousser et il sait qu'il ne pourra bientôt plus respirer. Il aimerait appeler à l'aide, mais sa bouche et sa gorge sont trop sèches. La peur, la panique, l'envie de hurler, tout se mélange dans sa tête. Heureusement, la lumière d'une petite lampe de poche lui redonne de l'espoir. C'est Kenza, elle est à quelques mètres de lui, Lucas est avec elle.

– Vite, suivez-moi, leur dit-elle. Je connais le bâtiment, je sais par où sortir !

Grâce à Kenza, ils retrouvent l'escalier et commencent à descendre. Même s'il a toujours du mal à respirer, Téo pense qu'ils vont y arriver, mais sur le palier du troisième étage, malgré la fumée, Téo voit Lucas s'engager dans un couloir au lieu de continuer à descendre. Il va se perdre ! Téo a la tête qui tourne. Ses yeux et sa gorge sont brûlants. Ses pieds et ses jambes pèsent des tonnes. Ses genoux tremblent et ont de plus en plus de mal à le soutenir, comme s'ils étaient en caoutchouc. Les bruits semblent de plus en plus lointains. Sa main sur la rampe essaie de s'accrocher, mais ses doigts et ses bras sont tout mous, sans force. Il perd l'équilibre, il tombe, mais son corps est rattrapé de justesse avant de toucher le sol. Miracle ! Téo se sent maintenant aussi léger qu'un nuage. Autour de lui, il n'y a plus rien. Plus de musique, plus d'escalier, plus de lumière. *Black out*.

14

Lundi 21 heures

Téo se frotte les yeux. Il a le sentiment de sortir d'un cauchemar dont il n'a plus de souvenirs. À peine quelques images qu'il tente de remettre dans l'ordre pour comprendre ce qui lui est arrivé. *La sortie du bâtiment sur l'épaule d'un homme qu'il n'avait jamais vu avant. Boris qui lui tape sur la joue. Une voiture rouge et des pompiers, casque sur la tête et lance à eau sur l'épaule. Beaucoup de lumière, de sirènes et de lumières bleues. Les siamois et lui entassés à l'arrière de la voiture de la mère de Hilke.* C'est d'ailleurs elle qu'il entend !

Stupéfait, Téo réalise qu'il est allongé dans le salon de sa maison et que la mère de Hilke tente de rassurer ses parents :

– Un médecin l'a examiné, tout va bien, c'est un étourdissement à cause de la fumée !

– Quelle affaire ! Quelle affaire ! Quelle affaire !

Sans mal, Téo reconnaît maintenant la voix de son père. Le signal qu'il est temps de montrer qu'il a retrouvé ses esprits. Même si la réalité va être difficile à assumer. Avant de parler, Téo observe ses parents qui sont debout près de la table. La mère de Hilke se tient à leur côté et, juste derrière, les siamois et Hilke sont figés, silencieux et tout droits, comme des poupées alignées sur l'étagère d'un magasin. Téo tourne la tête de l'autre côté : où est Lucas ?

Téo a maintenant l'impression qu'un courant électrique lui parcourt le corps et lui donne une énergie phénoménale. Il se met debout rapidement et s'écrie :

– Lucas ! Vous avez vu Lucas ? Où est Lucas ?

Ses parents se précipitent, heureux de voir leur

fils sortir de sa torpeur, mais Téo perçoit la même inquiétude dans leurs yeux : *Où est Lucas ?*

Téo s'adresse à ses amis :

– Vous ne l'avez pas vu descendre ? Il est sorti du bâtiment ? Où est Kenza ? Il n'était pas avec elle ?

Très vite, tout le monde se met à parler en même temps, mais, soudain, le brouhaha est dominé par une voix plus forte et plus aiguë que les autres. C'est Lucie qui vient d'entrer dans le salon :

– Ohé ! c'est quoi ce bazar ? Quelqu'un peut m'expliquer ?

Visiblement, personne ne sait par où commencer, mais Téo est tellement inquiet qu'il est prêt à tout assumer :

– Ce soir, on n'était pas chez Boris et Betty. Notre soirée déguisée, c'était en fait dans une ancienne maison de retraite, une sorte de squat qui n'est pas un squat. On y était tous (Téo fait un geste vers Hilke et les siamois). Au rez-de-chaussée, il y avait un concert, mais Lucas et moi, on est montés à l'étage. Après, il y a eu des explosions, de la fumée. Maintenant, on ne trouve plus Lucas ! (Téo se couvre le visage avec les mains.) S'il lui est arrivé quelque chose ? S'il est...

L'angoisse de Téo est intense et pourrait vite se communiquer aux autres, mais la mère de Hilke intervient :

– *S'il est* rien du tout ! Moi je suis arrivée en même que la police et les pompiers, tout le monde était déjà dehors. Rapidement, je vous ai retrouvés de l'autre côté de la place, près de l'arrêt du bus. Le pompier à qui j'ai parlé m'a dit qu'ils avaient inspecté le bâtiment et qu'il n'y avait personne à l'intérieur. À vrai dire, il n'y a pas vraiment eu d'incendie, mais des jeunes ont voulu allumer un feu d'artifice sur le toit. Plusieurs fusées ont mal explosé, c'est ce qui a provoqué l'important dégagement de fumée. Heureusement, le système d'alarme du bâtiment fonctionnait encore, ce qui a permis une évacuation rapide.

– Mais comment... ? demande le père de Téo.

La mère de Hilke comprend tout de suite la question :

– Hilke m'avait parlé de leur projet. Cela me semblait bien préparé, mais pas très sérieux quand même. Quand j'ai compris que les autres parents n'étaient pas au courant, je lui ai dit que je viendrais les chercher après mon travail, vers vingt heures, vingt heures trente et que je ramènerais toute la petite troupe, chacun dans sa maison. C'était le plus raisonnable...

– Mais Lucas, il est où alors? interroge Lucie.

– Il s'est peut-être égaré en sortant du bâtiment, suggère le père de Téo. Sans téléphone, il ne peut prévenir personne! Alors, on va retourner là-bas et on va fouiller tout le quartier jusqu'à ce qu'on le retrouve! Rue par rue, maison par maison, brin d'herbe par brin d'herbe! Lucas disparu! Vous vous rendez compte! On préviendra aussi la police de sa disparition!

Le départ se fait très vite. Téo monte dans la voiture avec son père et Lucie, qui a insisté pour venir. Hilke et les siamois sont avec la mère de Hilke. Celle de Téo reste à la maison au cas où Lucas reviendrait tout seul.

Le trajet vers l'ancienne maison de retraite dure à peine dix minutes. La mère de Hilke fait signe qu'elle va faire le tour du quartier par la gauche.

Le père de Téo part à droite. La voiture roule au pas et il répète sans arrêt :

– Quelle affaire ! Quelle affaire ! Quelle affaire !

Téo a ouvert la fenêtre de son côté pour mieux scruter l'obscurité. Le moteur ne fait pas beaucoup de bruit, alors Téo écoute les soupirs et les exclamations de son père, toujours les mêmes, mélange de colère et d'inquiétude. Sans oublier de regarder dehors, Téo a besoin de dire ce qu'il ressent :

– C'est horrible, je te jure, je ne pensais pas que...

– J'imagine, lui répond son père. Mais pour l'instant, on cherche Lucas, le reste, on aura le temps d'en discuter après... Ici, à ton avis, on va plutôt à gauche ou à droite ?

La voiture est arrêtée au croisement de deux rues presque identiques : à gauche, une rangée de maisons avec des petits jardins devant, la même chose à droite. Sur les trottoirs, pas un chat et aucune circulation. Téo propose de tourner à gauche et la voiture longe maintenant, très lentement, d'autres voitures garées le long des jardins. Plus loin, des murets et des arbres, derrière lesquels pourrait être Lucas. Téo aimerait avoir un porte-voix pour l'appeler. C'est très frustrant d'imaginer qu'il est peut-être là, tout près...

– Bon, on fait un dernier tour et puis on retourne sur la place et on prévient la police, dit le père de Téo. Tu es sûr de m'avoir tout raconté? Il n'y a pas autre chose?

– Autre chose comme quoi?

– Une dispute? Vous avez bu de l'alcool?

Téo pense à la bière amère dont il n'a bu qu'une gorgée, mais Lucas n'y avait pas touché. Par contre, il y a Kenza, la fille à l'accordéon, mais ça c'est vraiment trop compliqué à expliquer, alors Téo répond juste:

– Non, on n'a pas bu d'alcool. Je te jure: on voulait juste s'amuser et écouter de la musique...

Le père de Téo soupire, dit encore deux fois: «Quelle affaire! Quelle affaire!» Puis il désigne l'horloge digitale du tableau de bord:

– ... Encore cinq minutes et on fait demi-tour!

Machinalement, le regard de Téo suit celui de son père qui fixe le cadran indiquant 21.25. Immédiatement, ces chiffres provoquent un ouragan dans la tête du garçon qui met quelques instants avant d'en comprendre la raison: 25! Bien sûr!

– La station du tram 25 ! C'est tout près ! J'en avais parlé à Lucas, on doit y aller !

Convaincu par l'assurance de son fils, le père de Téo se laisse guider et ils arrivent très vite près de l'arrêt du tram, sorte de large trottoir protégé par des barrières. Au bout, s'élève un petit abri pour les passagers. Ce soir, la nuit est claire, mais à cette distance Téo, son père et sa sœur ne voient pas s'il y a quelqu'un à l'intérieur, alors ils descendent de voiture, traversent le boulevard et, pleins d'espoir, courent vers l'arrêt du tram. C'est Lucie qui arrive la première :

– Lucas est là ! Lucas est là !

Lucie le tire derrière elle.

Quand il les rejoint, Téo pousse un cri de joie qui fait sursauter Kenza, qui est là aussi, avec le chien Magik couché à ses pieds. Tout le monde s'embrasse et se prend dans les bras. Lucie s'accroche au cou de Lucas. Le père enlace ses enfants, son neveu et s'exclame sans arrêt : « MERCI ! MERCI ! MERCI ! », puis « Quelle affaire ! Mais quelle affaire ! MAIS QUELLE AFFAIRE ! ». Légèrement en retrait, Kenza recule pour disparaître dans l'ombre de l'abri. Téo sent qu'il est tellement soulagé qu'il pourrait se mettre à pleurer, mais il se retient parce qu'il sait que tout n'est pas encore fini : maintenant, il va falloir qu'il trouve les mots pour s'expliquer et se faire pardonner.

15

Lundi, presque 22 heures

Une fois revenu chez lui, Téo se mordille le pouce pour être sûr de ne pas rêver. Ses parents, les siamois, Hilke, sa mère, Lucas et Lucie, Kenza, tout le monde est assis autour de la table de la salle à manger. Les coudes posés entre les verres et les miettes de biscuits que sa mère a largement distribués, Kenza s'excuse pour la troisième fois d'avoir causé tant d'inquiétudes :

– C'est parce que Lucas et moi, on n'avait pas de téléphone. Sinon on aurait pu vous prévenir. Heureusement, Lucas s'est souvenu qu'un tram, le 25, revenait dans ce quartier, mais, même, je ne sais pas si on aurait trouvé la maison, n'empêche que...

Téo l'interrompt pour lui poser la question qui tourne en boucle dans son esprit :

– Tout à l'heure, pourquoi vous être arrêtés dans les escaliers ? Pourquoi vous m'avez laissé tout seul ?

Kenza secoue les mains devant elle :

– Jamais ! On n'a jamais voulu te laisser tout seul ! Mais comme il y avait de plus en plus de fumée, j'ai pris ce petit couloir parce que je savais qu'au bout il y avait un escalier de secours qui descendait dans le jardin. Lucas me tenait le bras, je croyais que tu nous suivais ! Arrivés en bas, quand on a vu que tu n'étais pas là, on était super inquiets ! Ton cousin a même voulu remonter dans le bâtiment, mais c'était trop dangereux, alors on a décidé de faire le tour par les jardins. C'est là qu'on s'est perdus.

Tous les deux se regardent et regardent les adultes qui discutent bruyamment des avantages et des inconvénients de demander à leurs enfants de ne jamais sortir sans un portable. Pour eux, cette histoire de téléphone semble la plus importante, mais, pour Téo, ce qui compte avant tout c'est d'avoir enfin des réponses à leurs questions. Il sait en plus qu'il doit aller vite car il a surpris une conversation entre Kenza et la mère de Hilke. Tout bas, Kenza lui demandait de la reconduire près de l'ancienne maison de retraite :

– Maintenant que Lucas a retrouvé son cousin, il faudrait que je ramène le chien près du bâtiment, son maître doit le chercher. Peut-être même qu'il s'inquiète lui aussi.

Rassurante, la mère de Hilke avait promis de le faire avant de ramener les siamois. Téo voit d'ailleurs qu'elle enfile déjà sa veste. C'est maintenant ou jamais ! Téo ouvre la bouche, mais Betty parle la première :

– Tu étais vraiment perdue ou tu as eu peur des *policemen* ? Tu es qui, toi?

Sur la lancée, Téo ajoute :

– Pourquoi tu te cachais au quatrième étage? Qui te recherche?

À l'évocation de la police, Téo voit le visage de ses parents se durcir et l'inquiétude revenir. Tous les autres se taisent. Comme s'il était responsable de quelque chose, c'est Lucas qui se lève pour répondre :

– Non, non, tout va bien ! Kenza m'a tout expliqué, c'est une histoire de fous !

« Une de plus », pense Téo.

– ... Kenza est la sœur de Peter, dit-il en s'adressant à Hilke.

Les parents se regardent sans rien comprendre, puis regardent les adolescents.

– C'est vrai ! Kenza est partie de chez elle, mais c'était pour retrouver son frère, explique Lucas.

– Maintenant, tout est arrangé ! s'empresse d'ajouter Kenza. Peter a prévenu mes parents, ils arrivent demain à Bruxelles ! Comme ça on sera tous là pour l'audition !

Cette fois, même Téo n'arrive plus à suivre.

– Mon frère est guitariste, précise Kenza. Il est déjà un peu connu, il a fait beaucoup de concerts, mais quelqu'un lui a dit qu'il devrait jouer dans le métro parce que c'est là qu'il y a le plus de public. À New York, plein de musiciens sont devenus célèbres rien qu'en jouant dans le métro ! Mais comme il n'y a pas de métro près de chez nous, alors Peter a pris son chien et ils sont venus à Bruxelles...

– ... Mais? interroge le père de Téo qui se doute que l'histoire ne se termine pas aussi simplement.

– Mais il est parti sans rien dire à mes parents, reconnaît Kenza en baissant les yeux. On n'a pas eu de nouvelles pendant des semaines, puis il m'a écrit la semaine dernière pour me dire qu'il avait presque réussi. Que la direction du métro de Bruxelles organisait une audition et que son dossier avait été accepté. C'est une audition publique, tout le monde peut venir l'encourager, alors...

– Alors tu es venue à Bruxelles, mais toi non plus tu n'as rien dit à tes parents, c'est ça? demande la mère de Hilke avec, dans la main, l'avis de disparition que vient de lui passer sa fille.

– Quelle affaire! Quelle affaire! Quelle affaire! répète sans arrêt le père de Téo en fixant la jeune fille et sa drôle de chevelure.

– C'est vrai, je n'ai rien dit non plus. C'était les vacances et il fallait que j'aille à Bruxelles, c'était obligé! Sinon cela aurait été trop triste! Je voulais lui faire une surprise!

– Tes parents ont dû s'inquiéter, lui reproche la mère de Hilke.

– Oui, mais normalement ils ne devaient pas le savoir. Ils pensaient que je passais le week-end chez une amie, ça ils étaient d'accord. Sauf qu'au lieu d'aller chez elle j'ai pris le train pour Bruxelles. Je ne sais pas comment ils ont su...

– Le sixième sens des parents? suggère la mère de Hilke.

– Arrivée à Bruxelles, j'ai fait toutes les stations de métro pour retrouver mon frère! Quand il m'a vue, il n'était pas très content! Finalement, il a dit qu'il téléphonerait à nos parents pour les rassurer. Après, il m'a emmenée chez lui, dans ce bâtiment. Là, je devais garder son chien quand il n'était pas là et qu'aucun autre musicien n'en avait besoin. Parce que, quand il y a un chien, les gens s'arrêtent plus facilement. C'est vrai, un jour, j'ai même essayé en jouant de l'accordéon à la sortie d'une station de métro...

La mère de Téo n'en revient pas:

– Toi aussi tu as joué de la musique en faisant la manche dans le métro? Tu sais que c'est interdit? Que cela peut être dangereux?

– Juste une fois, se défend Kenza. Je l'ai juste fait une fois, je voulais voir ce que ça faisait, mais je n'ai pas demandé d'argent. C'était pour le plaisir de jouer.

«Heureusement que tu l'as fait», pense Téo en se souvenant que c'est par là que tout a commencé. Son père n'est évidemment pas du même avis :

– Mais qu'est-ce que vous avez dans la tête ? Qu'est-ce que vous avez dans la tête ! se lamente-t-il en levant les yeux au ciel. Qu'est-ce que vous avez dans la tête ?

Téo entend sa mère répondre :

– C'est qu'ils grandissent, ces enfants...

Quand Téo la regarde, il voit dans ses yeux plus de tendresse que de colère, mais son ton se durcit rapidement quand elle s'adresse à toute la bande serrée autour de la table :

– N'empêche, vous nous avez fichu une sacrée frousse !

Puis elle s'approche pour les embrasser et les serrer dans ses bras. Un par un.

Même Kenza qu'elle connaît à peine et même la mère de Hilke.

L'image est pleine d'émotion et aurait pu servir de *happy end*, mais Boris se lève brusquement et se met sur la pointe des pieds pour rappeler que toutes les énigmes ne sont pas résolues :

– Et le dessin ? Il signifie quoi, c'est un code ?

Un peu brusquement, il prend à son tour l'avis de disparition et pointe son doigt sur le dessin imprimé sur le tee-shirt de Kenza.

– Ce dessin-là, hein, c'est quoi ? insiste-t-il.

Interpellée, Kenza se tourne vers lui et ouvre sa veste pour lui montrer un tee-shirt d'une autre couleur, mais avec le même triangle entouré d'étoiles. Elle rit :

– Ça c'est *Sky Way* ! La « route des étoiles » ! C'est le nom du projet musical de mon frère. Quand il répétait à la maison, je l'accompagnais parfois avec mon accordéon. Chez nous, on est tous un peu musiciens. Mais *Sky Way*, c'est vraiment son projet, et aussi le titre d'une de ses chansons. Il en a écrit beaucoup, il a beaucoup de talent ! Si vous voulez, on pourrait...

– On pourrait tout ce qu'on veut mais un autre jour, prévient la mère de Hilke. Parce que, dans l'immédiat, il est surtout temps de se transformer en taxi pour que la princesse et le Viking retournent chez eux. Boris, tu m'as dit que tes parents vous attendaient à vingt-deux heures, on y est presque! Alors évitons d'ajouter des inquiétudes à toutes celles de ce soir! Par contre, demain, si vous voulez, je propose de faire un couscous pour tout le monde à la maison. Ce sera sûrement plus amusant que tout ce qu'on a vécu ce soir! Si tu veux, dit-elle en se tournant vers Kenza, tu proposeras à ton frère de venir, parce que, du coup, on a bien envie de le connaître, ce Peter! Surtout s'il devient célèbre grâce au métro bruxellois!

16

Vendredi 11 heures. Fin des vacances

Pour Téo, le reste des vacances est passé trop vite.

Après cette inoubliable soirée de carnaval.

Après un super couscous chez la mère de Hilke.

Après un appel des parents de Lucas annonçant qu'ils resteraient finalement à Carpentras. Après un mercredi soir où tout le monde, même le chien Magik, portait un tee-shirt *Sky Way* pour assister à l'audition et au triomphe de Peter qui avait gagné le premier prix !

Après d'autres rendez-vous de folie chez Hilke ou chez les siamois, c'est l'heure de raccompagner Lucas à la gare. La partie la moins drôle de ces drôles de vacances.

Pour la rendre plus joyeuse, Peter est venu sur le quai avec sa guitare et Kenza a apporté son accordéon. Très vite, elle l'a confié à Boris qui joue n'importe comment, ce qui ne gêne personne et sûrement pas Kenza, que Téo voit penchée vers Lucas à qui elle donne un papier :

– Ce sont mes adresses mail, Facebook, Instagram, Snapchat, et mon numéro de téléphone, comme ça on pourra continuer à se parler.

– Compte sur moi ! Quand je rentre, je récupère aussi mon téléphone dont on aurait eu bien besoin l'autre soir ! Même si je ne regrette pas de m'être perdu avec toi, on a vécu une sacrée aventure ! On pourrait aussi se retrouver ici aux prochaines vacances !

À l'initiative de Téo, tout le monde hurle et applaudit l'idée.

– *How yes !* Plus tu viens, moins le métro sera secrète pour toi ! rigole Betty.

– N'empêche, tu resteras ma sauveuse, mon héroïne que je adore le plus, lui répond Lucas. Et toi aussi, ajoute-t-il en faisant un clin d'œil à Kenza.

– *Gari-gari*, crie Hilke en regardant Lucas monter dans le train.

Lucie s'approche et promet à son cousin un nouvel après-midi super méga *girly girly* la prochaine fois.

– Promis, championne ! lui répond Lucas avant que les portes se ferment.

Puis tout le monde agite les bras et court à côté du train qui s'éloigne. Quand ils arrivent au bout du quai, essoufflés, ils ralentissent et Hilke s'approche de Téo pour lui murmurer à l'oreille :

– Toi, tu seras toujours mon héros que je adore le plus !

Un souffle et une déclaration délicieuse que Téo ne risque pas d'oublier !

L'auteure

Pascale Fonteneau est française et allemande. Elle vit à Bruxelles depuis qu'elle est enfant. Journaliste de formation, responsable d'associations culturelles (cinéma, puis littérature), elle invente surtout des histoires. Beaucoup d'histoires et depuis toujours (un bon moyen de ne jamais s'ennuyer). Elle a publié de nombreux polars pour les adultes, mais aussi des albums jeunesse et des scénarios pour la radio ou la BD. *Carnaval à Bruxelles* est sa première Souris noire.

Dans la collection
Souris noire

La Disparue de la 6e B
Stéphanie Benson

Une Épine dans le pied
Stéphanie Benson

Les Pirates du Komodo
Dominique Delahaye

Niki Java traque la banque
Serguei Dounovetz

Nuit d'angoisse à l'île aux Oiseaux
Jeanne Faivre d'Arcier

Le Secret des cabanes tchanquées
Jeanne Faivre d'Arcier

Traque sur la presqu'île
Jeanne Faivre d'Arcier

Mystérieuse Disparition au banc d'Arguin
Jeanne Faivre d'Arcier

L'Assassin de papa
Malika Ferdjoukh

L'Afrikaner de Gordon's Bay
Caryl Férey

Alice au Maroc
Caryl Férey

La Dernière Danse des Maoris
Caryl Férey

Carnaval à Bruxelles
Pascale Fonteneau

Nano
Dominique Forma

Sauve-moi Nano
Dominique Forma

Nano risque tout
Dominique Forma

Lambada pour l'enfer
Hector Hugo
(sélectionné par le ministère de l'Éducation nationale)

Une incroyable histoire
William Irish
(sélectionné par le ministère de l'Éducation nationale)

Un cri dans la forêt
Marin Ledun

Un royaume pour deux
Marin Ledun

Il va venir
Marcus Malte

Aladdin et le crime de la bibliothèque
Marie et Joseph

Wiggins et le perroquet muet
Béatrice Nicodème
(sélectionné par le ministère de l'Éducation nationale)

Wiggins et la ligne chocolat
Béatrice Nicodème

Wiggins chez les Johnnies
Béatrice Nicodème

Wiggins et les plans de l'ingénieur
Béatrice Nicodème

Wiggins et Sherlock contre Napoléon
Béatrice Nicodème

Dans le grand bain
Jean-Hugues Oppel

Ippon
Jean-Hugues Oppel
(sélectionné par le ministère de l'Éducation nationale)

Nuit rouge
Jean-Hugues Oppel

Tigre ! Tigre ! Tigre !
Jean-Hugues Oppel

Cinq Minutes de prison
Jean-Hugues Oppel

Danse avec les poneys
Jean-Hugues Oppel

Il y a quelqu'un dans la maison
Serge Quadruppani

La Mémoire kidnappée
Thierry Robberecht

La Cabane
au fond du chantier
Christian Roux

Détective sur cour
Romain Slocombe

Deux Détectives
chez Dracula
Romain Slocombe

Le Faux Détective
Romain Slocombe

Les Trois Coups de minuit
Danielle Thiéry

Nuit blanche au musée
Danielle Thiéry

Énigme au Grand Stade
Danielle Thiéry

Les Fantômes
de l'école de police
Danielle Thiéry

Le Mystère
du tableau volé
Danielle Thiéry

Dix minutes à perdre
Jean-Christophe Tixier

Dix minutes trop tard
Jean-Christophe Tixier

Dix minutes de dingue
Jean-Christophe Tixier

Deux roues de travers
Jean-Christophe Tixier

Dix minutes sur le vif
Jean-Christophe Tixier

N° d'éditeur : 10248481
Achevé d'imprimer en France sur les presses de JOUVE, Mayenne - N° 2831814S